Mélanie Voituriez

Petits riens

pour découvrir la couture

photographe : Julien Clapot

l'inédite

collection *Atelier du fil*

L'univers enchanteur d'Anne-Pia
par Anne-Pia Godske Rasmussen

L'arche de Noé d'Anne-Pia
par Anne-Pia Godske Rasmussen

Sacs et accessoires d'Anne-Pia
par Anne-Pia Godske Rasmussen

Les appliqués brodés de Lucie
par Delphine Mongrand

Petits riens en Liberty
par Mélanie Voituriez

Tendre couture d'Anne Pia
par Anne-Pia Godske Rasmussen

Ours en patchwork
par Dorthe Jollmann

Les sacs de Julie
par Julie Kleim

L'atelier couture de Lucie :
patchwork et appliqué brodé
par Delphine Mongrand

Souvenirs de Chine à broder
par Claudine Orsini-Le Coq

Broderies au fil de la maison
par Catherine Le Bars et Christel Elbaz

L'atelier de Lilie
par Valérie Caterin

Nouvelles créations d'Anne-Pia :
couture et patch
par Anne-Pia Godske Rasmussen

Petits riens pour chambre d'enfant :
couture déco
par Mélanie Voituriez

L'atelier d'Éole : couture, broderie
et tricot pour la maison
par Delphine Pohu

Les abécédaires de Lucie
par Delphine Mongrand

Fantaisies colorées à coudre et à broder
par Liliane Petit

Bijoux brodés : perles, fils et rubans
par Marie Géraud

Couture au jardin
par Marie Gourragne

Scrap' broderie : votre album de famille sur tissu
Sophie Le Chat

Scrap' textile et appliqués brodés
Delphine Mongrand

Tissage de perles :
point de peyote et point de brique
Anne Lardy

La fabrique poétique de Vanessa :
appliqués brodés
Vanessa Ouache

© L'inédite
6, rue Deguerry
75011 Paris
Tél. : 01 40 21 35 42
www.editionslinedite.com

isbn : 978-2-35032-242-1

conception graphique
Nelly Riedel

achevé d'imprimé en août 2012
sur les presses de l'imprimerie Stige en Italie

dépôt légal
3e trimestre 2012

L'éditeur remercie Mélanie, Olivier, Mahaut et Balthazar pour avoir de nouveau enchanté notre séjour lors de la séance photos.

Sommaire

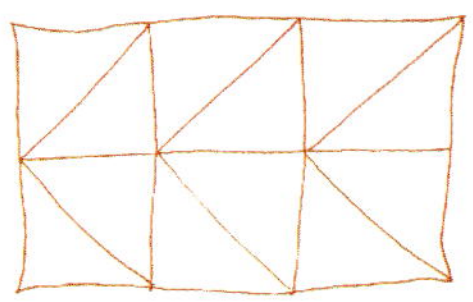

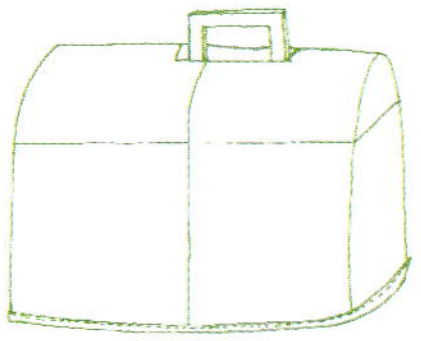

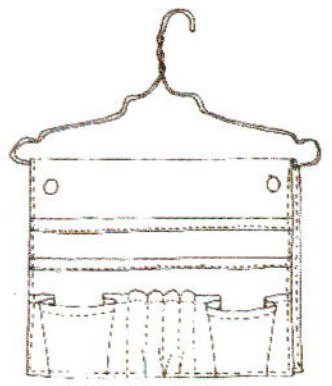

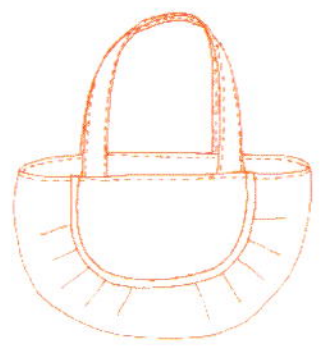

Carnet d'adresses

Vous habitez une petite ville de province dans laquelle les merceries et magasins de tissu ne sont plus qu'un lointain souvenir, mais vous hésitez à commander vos fournitures sur internet parce que vous ne pouvez pas voir la qualité avant ?
Voici mes boutiques en ligne préférées, auxquelles je commande les yeux fermés (ou presque !) :

Pour ses popelines aux couleurs subtiles, ses délicates baptistes imprimées et son lin :
France Duval Stalla
www.franceduvalstalla.com

Pour ses cotons aux imprimés vitaminés :
Linna Morata
www.linnamorata.com

Pour ses Liberty, ses biais et son grand choix de tissus classiques (lin, velours milleraies, popelines, etc) :
Maison Stragier
www.tissusliberty.blogspot.fr (pour les Liberty)
www.cotonsunis.blogspot.fr (pour les tissus unis)
www.stragier.blogspot.fr (pour les nouveautés)

Pour sa sélection vraiment très complète d'articles de mercerie, mais aussi de tissus, de rubans, de livres, etc.
Ma petite mercerie
www.mapetitemercerie.com

Pour la qualité de ses molletons naturels et synthétiques (dont le molleton rigide Jeffytex) :
PSR Quilt
www.psrquilt.com

Préface

Apprendre à coudre n'est pas forcément chose aisée pour qui n'a jamais été initié par une mère ou une grand-mère passionnée.
Pourtant je pense que la couture est accessible à tous, il faut juste avoir un peu de patience, de logique et d'amour pour le travail bien fait.
La méthode d'apprentissage que je vous propose est loin d'être la méthode universelle, c'est juste ma méthode, celle que j'utilise quand je m'installe devant ma machine à coudre...
Quand je couds, j'essaie de simplifier les choses au maximum, tout en aspirant aux finitions les plus belles possibles ; je pars du principe que peu importe la méthode utilisée, seul le rendu final est important.
Le but de ce livre est de vous apprendre la couture avec l'aide de schémas qui, je l'espère, vous faciliteront la tâche. Il y en a beaucoup, un par étape, ce qui fait que vous pouvez quasiment réaliser votre ouvrage sans lire les explications, mais juste en regardant les dessins.
Dans la première partie, vous trouverez différentes techniques de couture (bien sûr, la liste n'est pas exhaustive) et dans la seconde partie vous mettrez toutes ces techniques en application pour réaliser vos créations.
Si vous débutez, les ouvrages que je vous propose vous paraîtront peut-être compliqués ; effectivement il y a de quoi faire peur à une novice ! Mais je vous assure qu'en suivant les schémas vous y arriverez et serez vraiment fière de vous !

Mélanie
Retrouvez moi sur mon blog: www.mespetitsriens.com

Remerciements :
Un grand merci à France Duval Stalla, Nathalie Linna Morata et Nicolas Stragier pour m'avoir encore une fois fait confiance et permis de piocher dans leurs réserves de jolis tissus.

Merci à Shlomit Ofir dont les bijoux poétiques apparaissent au fil de cet ouvrage, et à Frédérique qui a rendu cela possible. Vous trouverez les bijoux dans sa boutique en ligne : http://www.un-oiseau-surlabranche.com.

FASHION

FASHION

L'espace de travail

Il faut partir d'un constat simple : si votre machine à coudre est rangée au fin fond d'un placard et difficilement accessible, il est très probable que rien que l'idée de la sortir vous décourage d'avance, même pour les plus motivées d'entre vous ! Il est donc important qu'elle soit toujours à portée de main, et je parle en connaissance de cause.
L'idéal est d'avoir une petite pièce consacrée à la couture, mais ne rêvons pas, tout le monde n'a pas l'espace nécessaire. On se contentera donc d'une toute petite table (mais solide, à cause des tressautements de la machine) dans un coin de l'appartement ou de la maison, sur laquelle la machine sera posée en permanence, prête à l'emploi.

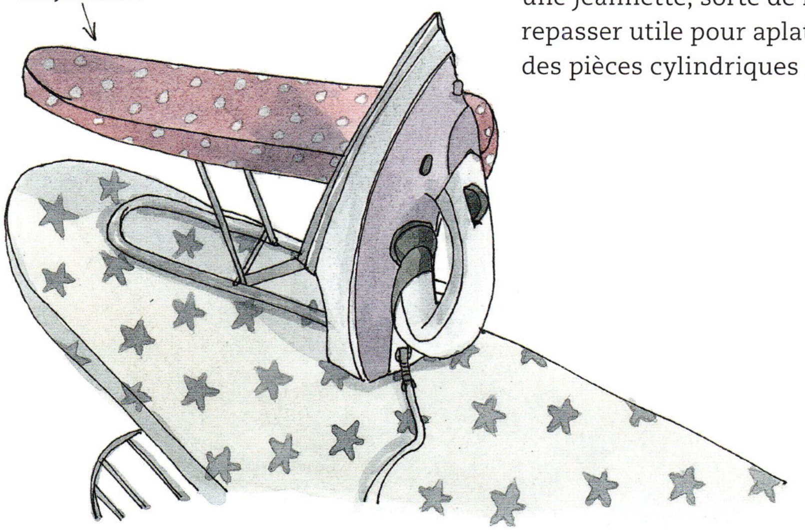

Bon, je vous l'accorde, une machine à coudre, c'est pas très joli à avoir sous les yeux 24 h/24, et en plus cela prend la poussière. C'est pourquoi un des premiers projets couture que je vous propose est une housse de machine à coudre, que vous pourrez assortir à la déco de la pièce ou pas ! (p. 38).
Bon, si vraiment vous n'avez pas de place chez vous, la table de cuisine ou de salle à manger feront très bien l'affaire pour accueillir votre machine de temps en temps (mais attention, ne la rangez pas trop loin !).

Les compléments indispensables de la machine à coudre sont le fer et la planche à repasser. Vous devez toujours les avoir dans la pièce où vous cousez, parce que vous vous en servirez à peu près à toutes les étapes de la couture. Vous pouvez également investir dans une jeannette, sorte de mini table à repasser utile pour aplatir les coutures des pièces cylindriques sans faire de pli.

Même si votre machine à coudre dispose d'une petite lampe intégrée pour éclairer votre ouvrage en cours, il est nécessaire d'avoir un bon éclairage, lumière du jour ou lampe de bureau ; vos yeux vous diront merci !

Bien sûr, qui dit machine à coudre dit tout un tas de petit matériel qui l'accompagne.
Généralement, les machines à coudre sont équipées d'un petit boîtier de rangement dans lequel vous pouvez mettre les pieds de biche, voire même les canettes.
Pour ranger le reste du matériel indispensable, il vous faut une boîte à couture, ou alors un « rangement nomade » que je vous propose de réaliser (p. 44).

Mais à propos, de quoi avez vous besoin pour vous lancer ?

Matériel

Le matériel de première nécessité
Voici une petite liste du matériel le plus couramment utilisé pour la couture à la machine et à la main :

• **des aiguilles :** que ce soit pour la couture à la main (1) ou à la machine (2), le mieux est d'acheter un assortiment d'aiguilles de plusieurs épaisseurs (et plusieurs longueurs pour les aiguilles « main »), de façon à pouvoir adapter l'aiguille au tissu. À savoir, que ce soit pour la couture à la main ou à la machine : pour un tissu fin, utilisez une aiguille fine ; pour un tissu épais une aiguille épaisse (voir .p. 21).

• **des épingles en acier (3) :** fines et pas très longues, elles vous serviront, entre autre, à assembler les tissus avant la couture. Leur tête fine vous permettra de passer par dessus avec le pied-de-biche lors de la couture.

• **des épingles à tête de verre (4) :** avec leurs têtes colorées, elles sont facilement repérables.

• **un pique épingle (5) :** indispensable pour rassembler les épingles, il en existe une multitude de modèles.

• **des canettes (6) :** elles sont livrées avec votre machine à coudre et vous pouvez aussi les acheter à l'unité dans les merceries. Il est utile d'en avoir plusieurs, pour vous éviter de devoir les défaire dès que vous devez changer de couleur de fil.

• **des ciseaux de couture (7) :** il est important d'investir dans de bons ciseaux de couture qui couperont le tissu parfaitement bien et seront confortables pour vous. Attention : des ciseaux de couture doivent servir à couper uniquement du tissu ! Surtout ne coupez pas de papier avec, sinon vous les abîmerez très vite...

• **des ciseaux de broderie (8) :** ce sont de petits ciseaux pointus qui vous permettront des découpes précises (boutonnières, fils qui dépassent, etc).

• **un mètre de couturière souple (9)**

• **un « découd-vite » (10) :** c'est un petit outil qui vous permettra de découdre les coutures très facilement, en glissant la lame entre les deux épaisseurs de tissus.

• **une feutre spécial textile (11) :** c'est un feutre dont le tracé s'efface à l'eau. Il est prudent d'essayer le feutre sur un petit morceau du tissu choisi pour être sûr qu'il s'efface bien !

• **un crayon à papier (12)**

• **une règle graduée et une équerre (13) :** elles vous permettront de reporter facilement les patrons sur le papier.

• **du papier calque épais de format A3 :** vous y reporterez les patrons proposés dans ce livre.

• **du papier de soie** spécial patron (vendu en rouleau ou en feuillets).

Le matériel complémentaire
Voici une petite liste de choses pas indispensables, mais qui peuvent vous faciliter la vie si vous vous mettez à coudre régulièrement !

• **une règle à patchwork (14) :** pour tracer des formes simples (carrés, rectangles) directement sur le tissu.

• **des épingles à patchwork (15) :** ce sont des épingles plus petites et plus fines que les épingles ordinaires, parfaites pour épingler les différentes pièces du patchwork.

• **des épingles à nourrice (16) :** pour passer des élastiques ou des liens dans les coulisses.

• **un appareil à biais (17) :** pour fabriquer soi-même son biais. Il en existe de plusieurs largeurs, le plus courant est celui qui permet de faire un biais de 1 cm.

• **un coupe-fil (18) :** pour couper les fils au raz de l'étoffe

• **des ciseaux cranteurs (19) :** pour couper le tissu sans qu'il ne s'effiloche.

(10)
(11)
WATER ERASABLE PEN
(12)
(18)
(14)
(6)
(17)
(9)
(19)
(8)
(7)
(4)
(3)
(15)
(2)
(5)
(16)
(1)
(13)

Les tissus

Un tissu est composé d'un fil de chaîne qui correspond aux fils tendus sur le métier à tisser, et d'un fil de trame qui vient entrecroiser les fils de chaîne pour former une armure. Le droit fil est le fil de chaîne du tissu, et de chaque côté on trouve les lisières.

La distance entre chaque lisière correspond à la largeur du tissu, aussi appelé laize. Le mode d'entrecroisement entre le fil de chaîne et le fil de trame est appelé « armure ».

Les trois armures principales sont l'armure toile (qui n'a ni envers ni endroit), l'armure sergé (qui présente des petites côtes obliques sur l'endroit et est uni sur l'envers, comme la toile de jean) et l'armure satin (qui est brillante d'un côté et mate de l'autre).

Il existe énormément de tissus différents, mais vous rencontrerez principalement :
la toile de lin ou de coton (1), le métis (toile avec une chaîne en coton et une trame en lin), la baptiste (2) (toile très fine, presque transparente), la popeline (3) (toile de coton serré et pesant), la toile de coton Liberty (4), la toile cirée (5) (toile enduite d'un vernis qui la rend imperméable), le plumetis (6), le seersucker (7), le sergé de coton (8), le Denim (9) (tissu de coton très résistant), la gabardine, le velours lisse, le velours milleraies (10), le crêpe (11), le sergé de laine à chevron (12), la flanelle (13) (tissu de laine tout doux au toucher), le tweed (14), le Prince de Galles (15), le satin (16), le taffetas, etc.

Ces étoffes sont tissées à partir de deux sortes de fibres : les fibres naturelles (coton, lin, laine, soie, chanvre, jute) et les fibres synthétiques (viscose, élasthanne, polyesters). Autant vous dire qu'il existe une combinaison infinie de tissu existants !

Certains textiles ne sont pas tissés mais tricotés, et sont désignés sous le terme de « maille ». On y trouve par exemple le jersey (17), le molleton (18) ou la laine polaire (19).

Il existe également une autre variété de textile : les non tissés. Ce sont des étoffes composées par des fibres textiles agglomérées, comme par exemple la feutrine (20). L'avantage est que ce matériau peut être coupé à cru parce qu'il ne s'effiloche pas, l'inconvénient est qu'il n'est pas très résistant.

Avant de vous lancer dans la couture d'un projet, il faut être sûre d'avoir choisi le tissu adapté, et en quantité suffisante. Pour les ouvrages proposés dans ce livre, à chaque fois j'indique le type de tissu et la quantité à acheter ; vous n'avez qu'à suivre les indications !

Un petit conseil : il est toujours mieux de laver et sécher le tissu avant de le coudre, parce que certains tissus rétrécissent légèrement ; aussi vous éviterez les mauvaises surprises...

Si vous n'êtes pas sûre de la qualité du tissu et que vous avez peur qu'il déteigne au lavage, vous pouvez le faire tremper une heure dans de l'eau tiède additionnée de vinaigre blanc, cela fixera la couleur.

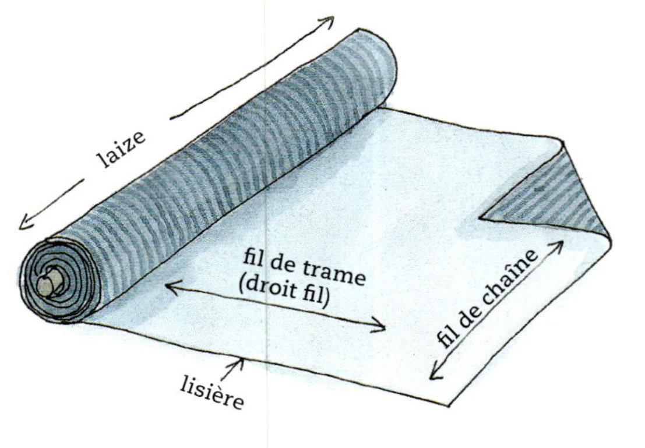

(1)

(2)

(3)

(4)

(5)

(6)

(7)

(8)

(9)

(10)

(11)

(12)

(13)

(14)
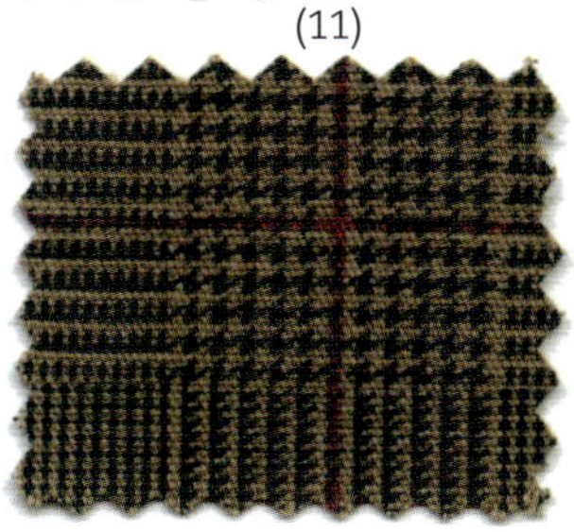
(15)
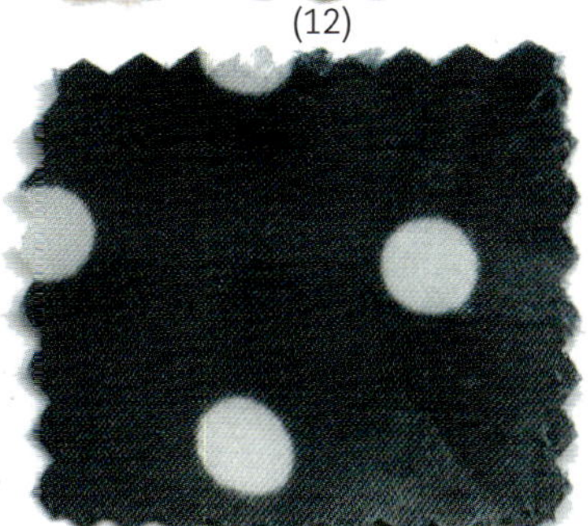
(16)

(17)

(18)

(19)

(20)

Le fil à coudre

Vous trouverez tout un choix de bobines de fil en coton, en polyester ou en soie. Choisissez du fil de bonne qualité, surtout pour le coton (il est moins solide que le polyester, et un fil de mauvaise qualité peut être cassant et très pénible à travailler !).

Utilisez le fil de coton pour coudre du coton et le fil de polyester pour coudre les matières synthétiques, comme ça vous éviterez les problèmes de rétractation au lavage.

Il existe un fil spécial bâti, qui est peu solide pour pouvoir l'enlever facilement. Quand vous achetez un coupon de tissu, prenez également le fil de coloris assorti (un fil fin pour un tissu fin et épais pour un tissu épais), comme ça vous vous constituerez un stock petit à petit.
Un numéro est indiqué sur l'étiquette du fil, il correspond au nombre de kilomètres par kilo de fil. Donc plus le numéro est élevé, plus le fil est fin.

Les grands cônes de fil sont plus économiques que les petites bobines et ça vaut le coup d'en acheter pour les couleurs que vous utilisez beaucoup. Pour pouvoir utiliser les cônes avec votre machine à coudre, il vous faut un porte cône. Vous en trouverez facilement en mercerie ou sur internet.

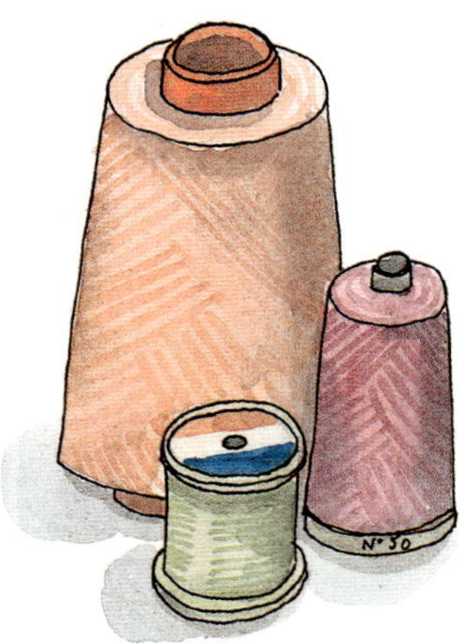

les bobines de fil

le porte cône

Les fournitures annexes

Se sont des articles de mercerie bien utiles à avoir au fond de sa boîte à couture.

• des fermetures à glissière (1) : il en existe de plusieurs tailles et de plusieurs variétés. Les plus courantes sont les fermetures en nylon, avec des dents fines. Pour coudre sur un tissu très épais, vous pouvez utiliser les fermetures à dents métalliques. Il existe également des fermetures invisibles pour les robes ou les jupes.

• de la bande auto-agrippante (2) : vendue au mètre, elle se compose de deux parties qui s'accrochent l'une à l'autre. On l'utilise comme fermeture, à la place d'un bouton par exemple.

• des boutons à recouvrir (3) : il en existe plusieurs tailles, et vous pouvez les recouvrir du tissu de votre choix. Personnellement, je préfère ceux en métal, plus faciles à recouvrir et plus solides.

• de l'entoilage : c'est un textile tissé ou non, enduit d'une matière qui lui permet d'adhérer au tissu sous l'action de la chaleur du fer à repasser. Vous l'utiliserez pour donner de la tenue à un tissu fin. Choisissez-la à peu près de même épaisseur que le tissu à thermocoller (voir p. 29).

• le molleton : vous pouvez le choisir en fibres naturelles ou fibres synthétiques, dans plusieurs épaisseurs. Il permet de doubler des tissus en leur apportant moelleux et chaleur.

• le molleton rigide Jeffytex : c'est un molleton en polyester rigide qui permet de donner de la tenue à l'ouvrage.

• le kapok : c'est une fibre végétale (ressemblant un peu à du coton) qui permet de rembourrer certains ouvrages.

• de l'élastique de 0,5 cm et 1 cm d'épaisseur.

• de la ganse à passepoil : vendue au mètre, elle vous permet de fabriquer votre propre passepoil.

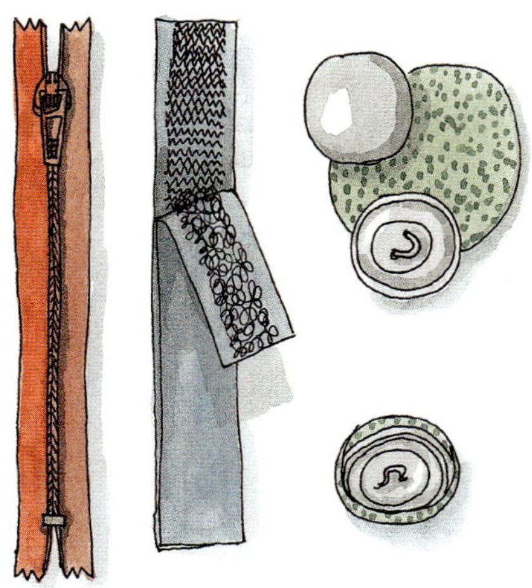

(1) (2) (3)

La couture à la main

Même si vous possédez une machine à coudre, il est indispensable de savoir coudre à la main ; en effet, vous serez obligée de maîtriser l'aiguille pour coudre des bâtis, des boutons, ou faire des finitions délicates.

Voici les points les plus utiles :

• le point avant
Le plus facile !
Essayez de faire des points réguliers, c'est beaucoup plus joli...

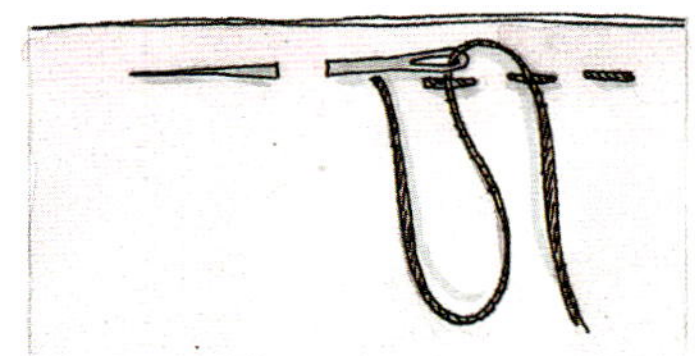

• le point de bâti
C'est un point avant très lâche, qui permet d'assembler les tissus avant la couture.

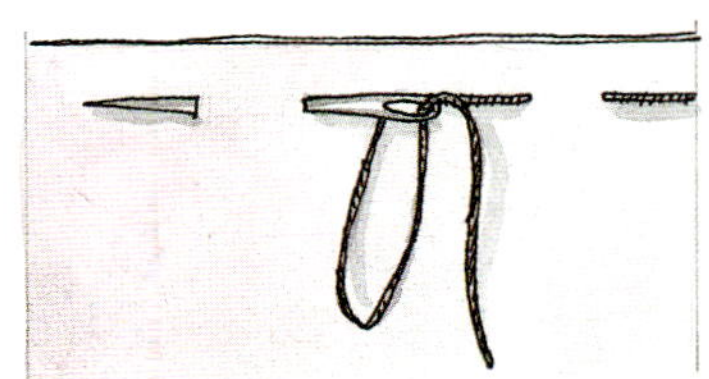

• le point de piqûre

C'est un point très solide, sur l'endroit il a le même aspect qu'une couture machine (c'est à dire qu'il n'y a pas d'espace entre les points).
Il se réalise de droite à gauche.
Pour le réaliser, sortez l'aiguille en 1 après avoir fait un nœud, plantez l'aiguille en 2 et ressortez-la en 3 (la distance entre 1 et 2 et entre 1 et 3 est la même) (ill. 1).
Plantez l'aiguille en 1 et faites-la ressortir en 4 (ill. 2), et ainsi de suite (ill. 3).

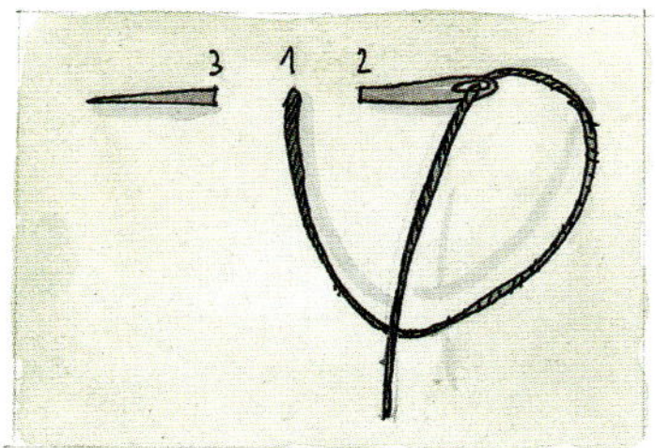

-1-

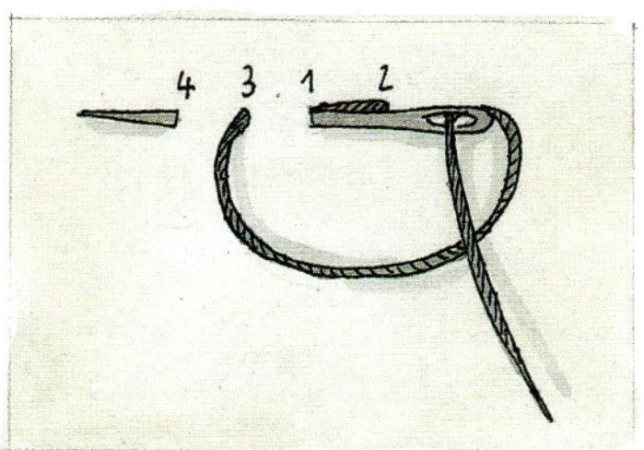

-2-

-3-

• le point arrière

C'est une variante du point de piqûre, sauf que les points sont espacés au lieu d'être collés. Pour le réaliser, sortez l'aiguille en 1 après avoir fait un nœud, plantez l'aiguille en 2 et ressortez-la en 3 (la distance entre 1 et 2 correspond à la longueur du point et la distance entre 1 et 3 correspond à la longueur du point + la distance entre deux points) (ill. 1).
Plantez l'aiguille en 4 (la distance entre 3 et 4 doit être la même qu'entre 1 et 2) et faites-la ressortir en 5 (ill. 2), et ainsi de suite.

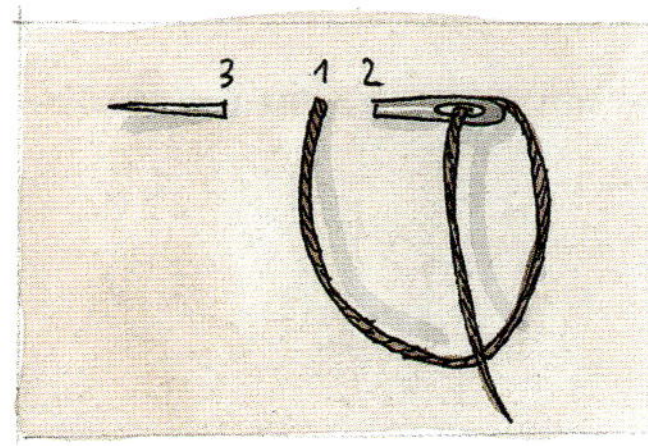

-1-

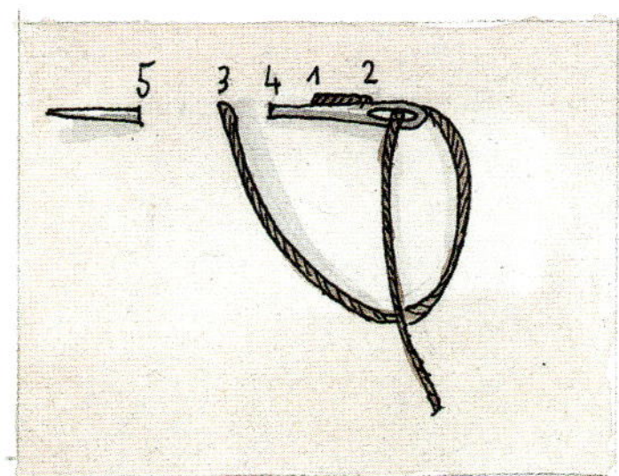

-2-

• le point glissé

C'est un point invisible, utilisé pour réaliser des ourlets, des appliqués ou pour fermer les deux parties d'une ouverture.

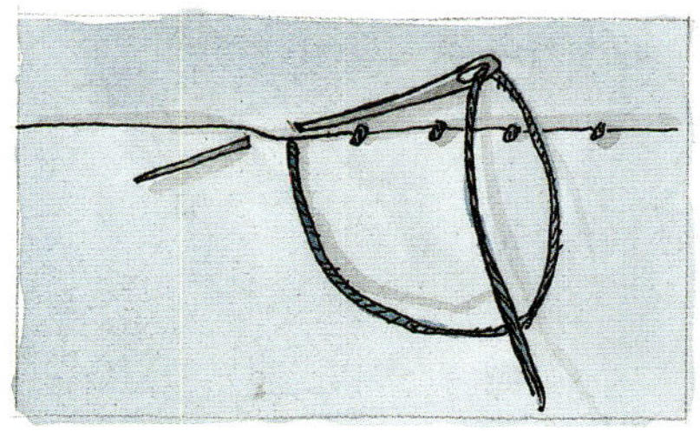

Il est préférable d'enfiler le fil dans le chas de l'aiguille avant de couper l'aiguillée de fil, sinon vous risquez de l'enfiler du mauvais côté (et oui, le fil a un sens, et si vous ne le respectez pas, vous pouvez l'abîmer).
Une fois le fil coupé, faites un nœud à son extrémité. Voilà, vous êtes prête à coudre !

La machine à coudre

Les premières machines à coudre sont apparues au 19e siècle. Elles étaient mécaniques et manuelles. Aujourd'hui elles sont électriques pour les plus basiques et électroniques pour les plus perfectionnées.

Vous êtes l'heureuse propriétaire d'une machine à coudre mais vous ne savez absolument pas par quel bout la prendre ? Pas de panique, voici quelques conseils pour vous aider !

À quoi ressemble une machine à coudre ? Voici le schéma descriptif d'une machine à coudre standard.
Bien sûr, la votre est certainement différente, néanmoins vous y retrouverez la plupart des éléments indiqués.

Si vous avez une machine électronique, c'est un cadran qui remplace les sélecteurs de points.

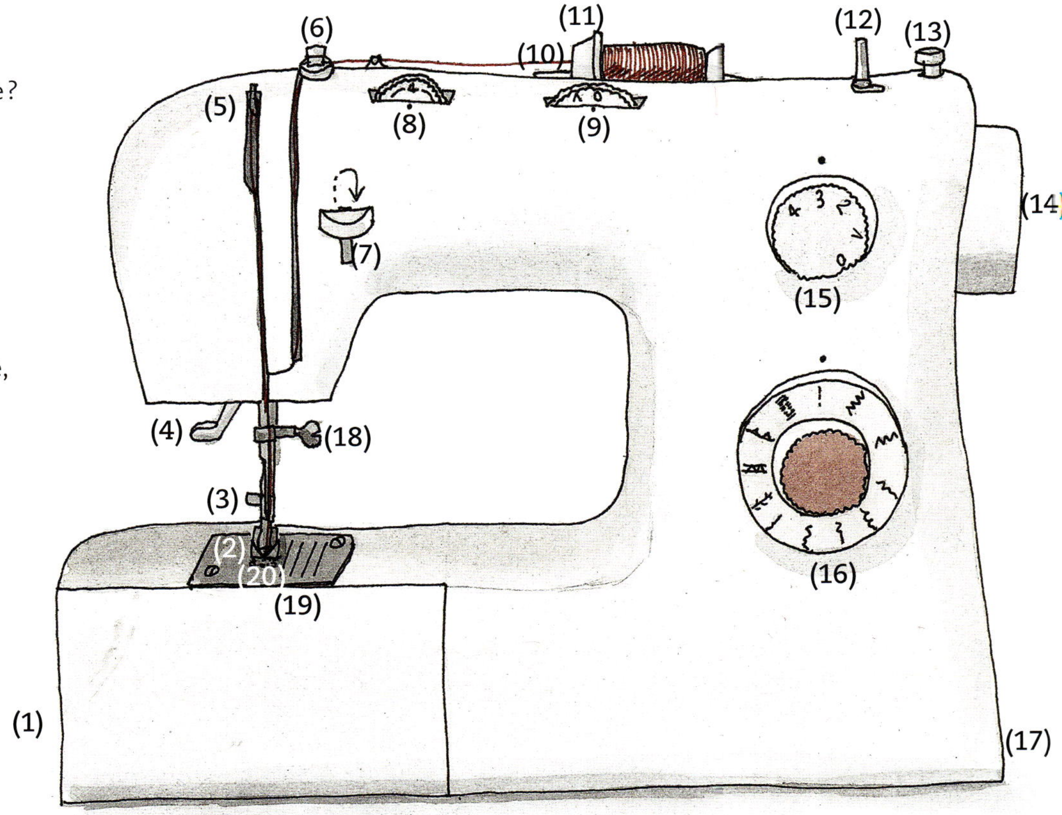

Légendes du schéma :
1 Le plateau amovible : pour coudre des pièces de tissu cylindriques, vous devez retirer cette partie (on appelle ça coudre en mode « bras libre »). Sur certains modèles de machines, le plateau amovible comprend un espace de rangement pour les pieds-de-biche, canettes, etc.

2 Le pied-de-biche : il applique une pression constante sur le tissu pendant la couture. Il faut choisir le pied-de-biche correspondant au point sélectionné.

3 Le support du pied-de-biche : on y fixe le pied-de-biche. Le levier permettant de monter ou d'abaisser le pied-de-biche est généralement situé à l'arrière de la machine, juste au dessus du support.

4 Le levier d'enfilage d'aiguille : il permet un enfilage automatique du fil dans le chas de l'aiguille.

5 Le releveur de fil : il se lève ou s'abaisse en même temps que l'aiguille. L'aiguille est en position haute quand le releveur est complètement remonté.

6 Guide fil de canette : vous devez y faire passer le fil de la bobine lors du bobinage de la canette.

7 Touche marche arrière : pressez cette touche quand vous voulez réaliser quelques points arrière, en début et en fin de couture par exemple.

8 Sélecteur de tension : il permet de régler la tension du fil afin d'obtenir des points réguliers. Une tension trop petite fera froncer le fil alors qu'une tension trop grande fera des boucles dans le fil.

9 Le sélecteur de largeur de point : il permet de choisir la distance sur laquelle l'aiguille se déplace horizontalement pour le point zig zag ou les points décoratifs.

10 Porte-bobine : la bobine de fil se place sur cette tige.

11 Couvercle de bobine : on le place sur la tige après la bobine de façon à ce qu'elle ne bouge pas pendant le travail.

12 Le bobineur : on y place la canette vide afin de la remplir.

13 L'arrêt de canette : une fois la canette remplie, elle s'arrête automatiquement de tourner en touchant cet élément.

14 Le volant : on le tourne (toujours vers nous) pour coudre manuellement ou remonter et abaisser l'aiguille.

15 Sélecteur de longueur de point : il permet de régler la longueur des points.

16 Sélecteur de point : il permet de choisir parmi les différents points proposés par la machine.

17 Touche marche/arrêt : elle met votre machine sous tension.

18 Porte-aiguille : il comporte une vis qui se desserre afin de libérer l'aiguille en place et en installer une autre.

19 Plaque d'aiguille : elle est en métal gravée de lignes droites, parallèles au pied-de-biche. Ce sont des guides lignes qui vous permettent de coudre en ligne droite. Choisissez la ligne correspondant à la marge de couture que vous désirez. Le logement de la canette se trouve sous la plaque d'aiguille.

20 Griffes d'entraînement : elles permettent au tissu d'avancer dans le sens de la couture.

Voici les étapes pour préparer votre machine à la couture (attention, cela ne vous dispense pas de lire le mode d'emploi de votre machine, d'ailleurs je vous y renvoie de temps en temps, parce que chaque modèle a ses particularités !) :

• choisissez le fil avec lequel vous allez coudre, glissez la bobine sur le porte-bobine (10) puis placez le couvercle de bobine (11).

• placez une canette vide sur le bobineur (12) puis enfilez le fil de la bobine jusqu'à la canette en suivant le mode d'emploi de votre machine à coudre. Faites glissez l'axe du bobineur sur la droite. Mettez la machine sous tension puis appuyez sur la pédale jusqu'à ce que la canette soit remplie. Faites glisser l'axe du bobineur sur la gauche, coupez le fil et enlever la canette.

• choisissez l'aiguille adaptée au tissu que vous allez coudre, insérez-la dans le porte-aiguille (18) et resserrez la vis.

• choisissez le pied-de-biche (2) adapté au tissu et au point que vous allez réaliser (pour un point droit ou zigzag, il s'agit du pied-de-biche zigzag), et fixez-le au support de pied-de-biche (3).

• placez la canette dans son compartiment sous la plaque d'aiguille (19) et enfilez le fil (voir mode d'emploi de votre machine à coudre).

• procédez à l'enfilage du fil de bobine jusqu'au chas de l'aiguille (voir mode d'emploi de votre machine à coudre) tournez doucement le volant de la machine à coudre (14) pour faire entrer l'aiguille dans le compartiment à canette et en ressortir le fil. Laisser dépasser les deux fils d'une dizaine de centimètres.

Voilà, votre machine est prête !

Les machines à coudre utilisent deux fils : le fil de bobine qui est le fil du dessus et le fil de canette qui est le fil du dessous. Quand on actionne la machine, les fils s'entrecroisent pour former des nœuds qui sont les points de couture.
Les points les plus utilisés quand on débute (et même après) sont le point droit (ou point de piqûre) et le point zigzag.

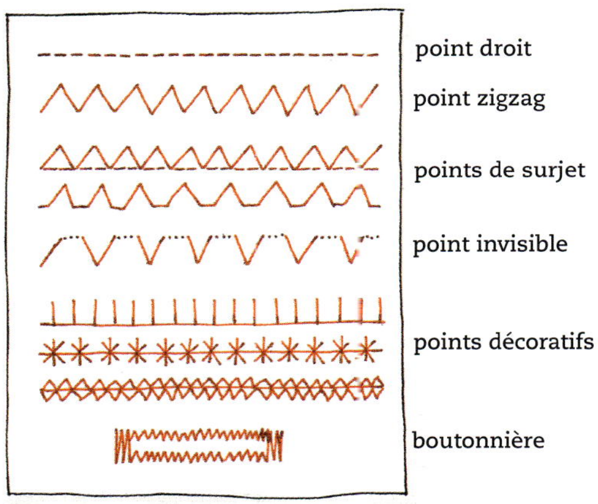

les différents points

Le point droit s'utilise pour assembler des pièces de tissu, pour surpiquer, ourler, etc.

Le point zigzag s'utilise pour surfiler les bords des pièces de tissu, faire des boutonnières, faire des appliqués, etc.

Ensuite, vous utiliserez certainement le point invisible, le point de surjet, les points décoratifs, les boutonnières, etc.

Avant de commencer à coudre votre ouvrage, il est important de réaliser un échantillon avec le fil et le tissu que vous utiliserez, afin de régler la longueur et la largeur du point, ainsi que sa tension (une tension trop lâche fera que les nœuds des fils seront visibles et une tension trop serrée risque de froncer le tissu).

Si vous avez une machine électronique, la tension se règle généralement automatiquement.

Si vous cousez pour la première fois, entraînez vous à coudre en ligne droite. Pour cela, positionnez un morceau de tissu sous le pied-de-biche, baissez le pied-de-biche avec le levier puis appuyez très doucement sur la pédale de la machine à coudre ; le tissu va automatiquement être entraîné vers l'arrière par les griffes d'entraînement au fur et mesure de la couture. Pour réaliser une couture bien droite, assurez vous que la lisière du tissu reste toujours parallèle à une des lignes de la plaque d'aiguille que vous choisirez en fonction de la marge de couture désirée.

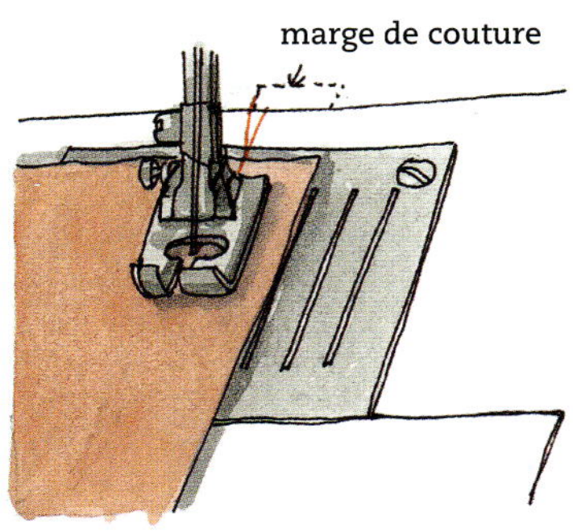

Recommencez à coudre des lignes droites jusqu'à ce que vous soyez parfaitement à l'aise ! Si vous avez du mal à visualiser la ligne de plaque d'aiguille, collez un ruban adhésif de couleur le long de cette ligne, et gardez toujours votre tissu au bord de l'adhésif.

Quand vous commencez une couture, je vous conseille de faire quelques points arrière, qui vont en quelque sorte remplacer le nœud que vous auriez fait pour une couture à la main. Pour cela, commencez par faire quelques points droits, puis appuyez sur la touche « marche arrière » de votre machine à coudre ; le tissu va automatiquement repartir vers l'avant et la couture arrière va se superposer à la première couture. Quand vous êtes revenue au début de la couture, lâchez la touche « marche arrière » et repartez en point droit. Procédez de même en fin de couture.

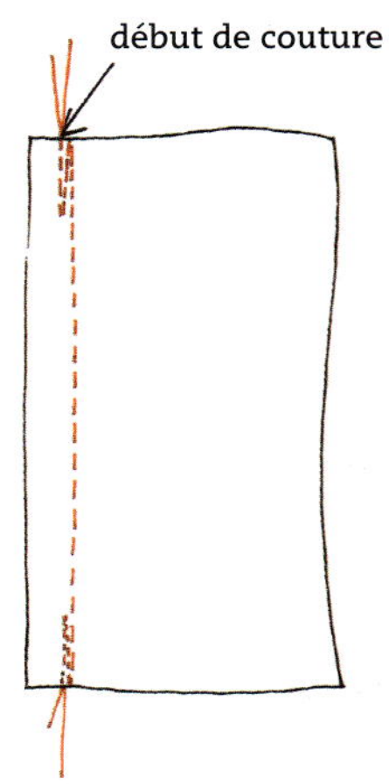

Pour coudre une pièce cylindrique, vous devez retirer le plateau de votre machine à coudre de façon à travailler en mode « bras libre ».

Les pieds-de-biche

Il existe un très grand nombre de pieds-de-biche pour de multiples usages. Pour chaque marque de machine à coudre, leur forme peut être très différente.
Je vous montre ici les trois pieds que j'utilise le plus et qui vous seront nécessaires pour réaliser les ouvrages de ce livre, et je vous conseille de vous reporter au manuel de votre machine à coudre pour l'utilisation des autres pieds qui vous sont livrés avec (par exemple, le pied pour ourlet invisible, le pied pour boutonnière, le pied pour surjet, le pied pour bouton, etc).

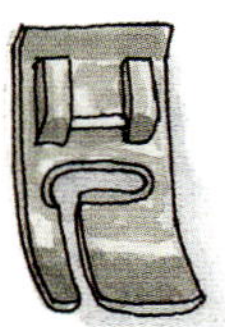

• **le pied zigzag :** c'est en quelque sorte le pied universel, vous vous en servirez aussi bien pour le point zigzag que pour le point droit.

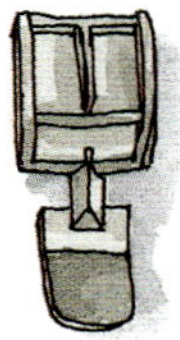

• **le pied ganseur :** il est utilisé pour poser les fermetures à glissière ou les passepoils. C'est un pied étroit, qui possède deux petites encoches pour l'aiguille de chaque côté de façon à ce que la couture soit le plus près possible du pied. Vous pouvez le positionner à droite ou à gauche selon la position de votre fermeture à glissière. Quand vous installez ce pied, baissez l'aiguille avec le volant de façon à être sûre qu'elle soit bien positionnée : elle doit venir piquer à l'intérieur de l'encoche et non pas sur le côté.

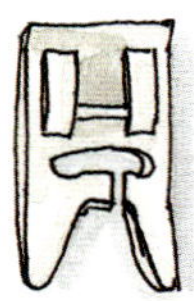

• **le pied anti-adhérent :** c'est un pied en Téflon qui permet aux matières comme le cuir ou la toile cirée de bien glisser sous le pied.

Les aiguilles

Le choix de l'aiguille est très important, parce qu'une aiguille non adaptée au tissu peut vous causer beaucoup de soucis !
Sur les boîtes d'aiguilles, vous trouverez deux chiffres (par exemple 75/11) ; le premier correspond à la taille de l'aiguille, c'est le plus important. Plus il est petit, plus l'aiguille est fine, plus il est élevé, plus l'aiguille est grosse. Pour un tissu très léger comme le Liberty, choisissez une aiguille n° 70 ; pour un tissu très épais comme un lainage, choisissez une aiguille n° 110.
Si l'aiguille est trop fine par rapport au tissu (ou s'il y a trop d'épaisseurs de tissu), elle risque de se casser ou de se tordre. Si elle est trop grosse, elle risque de trouer le tissu ou de le faire froncer.
Vérifiez régulièrement que votre aiguille n'est pas tordue, en la posant sur une surface plane.
Voici les différents types d'aiguilles les plus fréquemment utilisés :
• aiguille standard : vous l'utiliserez pour coudre la plupart des tissus. Je vous conseille d'acheter une boîte avec des aiguilles de différentes tailles.
• aiguille à jean : elle convient particulièrement aux tissus épais et au tissage serré comme le jean.
• aiguille à cuir : sa pointe se termine en forme de flèche, ce qui convient pour percer le cuir.
• aiguille à pointe ronde : elle est utilisée pour coudre le jersey ; en effet, sa pointe ronde lui permet de glisser entre les mailles.

Un peu de technique

Maintenant, passons aux choses sérieuses : voici quelques techniques de base qui vous seront utiles pour faire vos premiers pas en couture et réaliser les ouvrages de ce livre.

Utiliser un patron

Le patron (ou gabarit) est un modèle en papier sur lequel sont tracées en taille réelle les différentes pièces de tissu à couper.
Pour utiliser un patron, il y a deux possibilités :
pour les éléments de moyenne et grande taille (comme les sacs ou les vêtements, par exemple), posez le patron original à plat sur une grande table puis décalquez-le avec un crayon à papier sur du papier de soie (n'oubliez pas les indications de droit-fil, les repères, etc). Avant de découper, vérifiez si les marges de couture sont comprises (c'est le cas pour les patrons proposés dans ce livre). Si elles ne le sont pas, rajoutez-les en traçant un nouveau contour à 1 ou 1,5 cm, puis découpez sur le tracé. Pour reporter le patron sur le tissu, posez le bien à plat sur l'envers du tissu en respectant le droit fil, épinglez tout autour et coupez au ras du patron (ill. 1).
Si le patron comporte la mention « en double sur la pliure », cela signifie qu'il représente uniquement la moitié de la forme à découper. Il faut donc plier le tissu en deux sur le droit fil, poser le patron le long de cette pliure, épingler et couper (ill. 2). N'oubliez pas de reporter également les repères présents sur le patron, soit en les marquant avec un feutre textile, soit en faisant un petit cran de 0,5 cm avec des ciseaux.
Pour les éléments de petite taille, il est plus simple de reporter le patron sur un papier calque épais, avec un crayon à papier. Découpez ensuite le patron, posez-le sur l'envers du tissu, et faites un tracé tout autour avec un feutre textile. Découpez sur le tracé. Attention, pour des tissus très fluides comme le lin ou la baptiste, il est mieux d'utiliser la première technique.
Pour chaque ouvrage de ce livre, je vous propose un schéma de coupe pour les différents tissus ; cela vous aidera à visualiser les pièces à découper.

Épingler

Pour mettre en forme un ouvrage, vous devez d'abord épingler ensemble ses différentes pièces. L'épinglage vous permet de voir si les pièces de tissu se raccordent bien et de maintenir le tissu pour le bâtir ou le piquer.
Il y a deux façons d'épingler les tissus.
La première est de placer les épingles perpendiculairement à l'emplacement de la couture (ill. 1). Dans ce cas, choisissez plutôt des épingles en acier à tête fine. Vous pouvez ainsi coudre par dessus les épingles sans avoir à les retirer au fur et à mesure. Cette technique est quand même un peu dangereuse, parce que l'aiguille de la machine à coudre peut se tordre ou se casser en rencontrant les épingles.
La deuxième technique est de placer les épingles dans l'axe de la couture (ill. 2). Dans ce cas, choisissez les épingles à tête de verre qui sont facilement repérables. Vous devez placer les épingles de façon à ce que leurs têtes soient vers vous lorsque vous cousez, pour pouvoir les retirer au fur et à mesure de l'avancée de la couture.

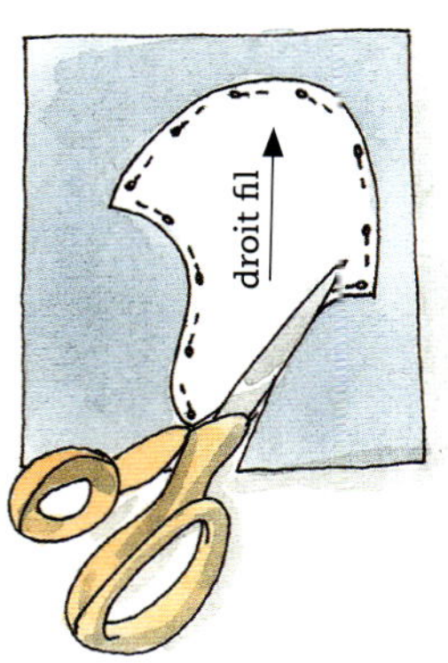

-1-

-2-

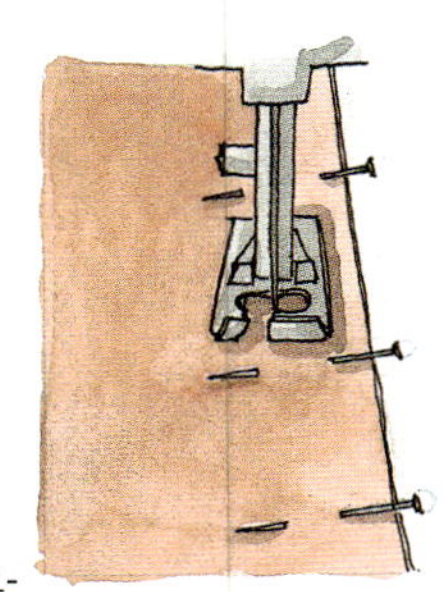
-1-

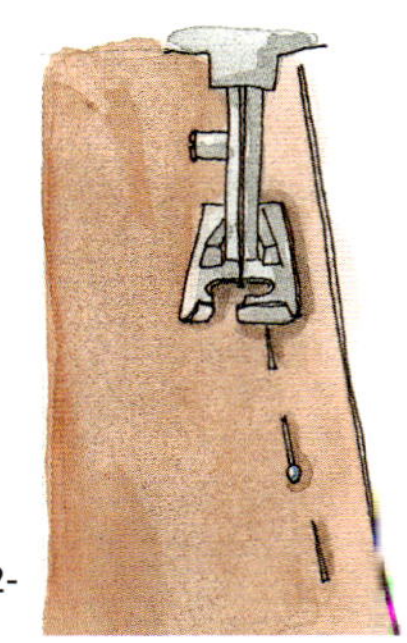
-2-

Surfiler
Pour éviter que votre tissu ne s'effiloche, vous devez le surfiler avec un point zigzag. Le point zigzag s'effectue généralement avec le pied à zigzag (voir p. 21). Vous pouvez régler sa longueur et sa largeur (généralement, je règle la largeur à 3 mm et la longueur à 1,5 mm). Pour un tissu qui s'effiloche beaucoup, n'hésitez pas à augmenter la largeur et réduire la longueur.
Si votre machine est perfectionnée, elle dispose certainement d'un point de surjet. Dans ce cas, utilisez-le à la place du point zigzag.

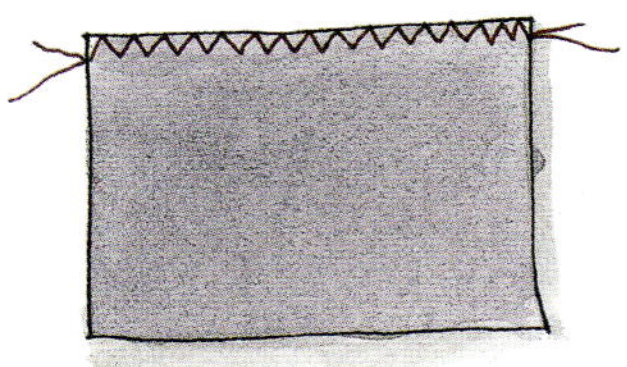

Bâtir
Avant de coudre, il peut être utile de bâtir le tissu, pour le fixer temporairement. Cela remplacera l'épinglage et il sera ainsi beaucoup plus facile de piquer votre point définitif par dessus. Pour cela, utiliser le point de bâti (voir p. 14). Évitez de faire le point de bâti à l'endroit exact de la couture sinon les fils seront difficiles à retirer ; par exemple, si votre couture doit se trouver à 1 cm du bord, faites votre bâti à 0,5 cm du bord. Et n'oubliez pas de retirer votre fil de bâti une fois la couture terminée !

Coudre « à cru »
La couture à cru signifie une couture sans finition, c'est à dire sans surfilage et sans ourlet. C'est possible uniquement pour les tissus qui ne s'effilochent pas comme le jersey, la feutrine, la toile cirée, la laine bouillie, la laine polaire ou le cuir.

La couture en angle
Si vous devez coudre un angle, il est nécessaire de faire pivoter le tissu en levant le pied-de-biche ; pour cela, assurez vous que l'aiguille est plantée dans le tissu à ce moment là (sinon tournez le volant pour qu'elle y soit) sinon le tissu va bouger (ill. 1).

• Avant de retourner votre ouvrage sur l'endroit, vous devez couper le tissu en pointe de chaque côté, de façon à ce que le surplus de tissu ne fasse pas d'épaisseur (ill. 2).

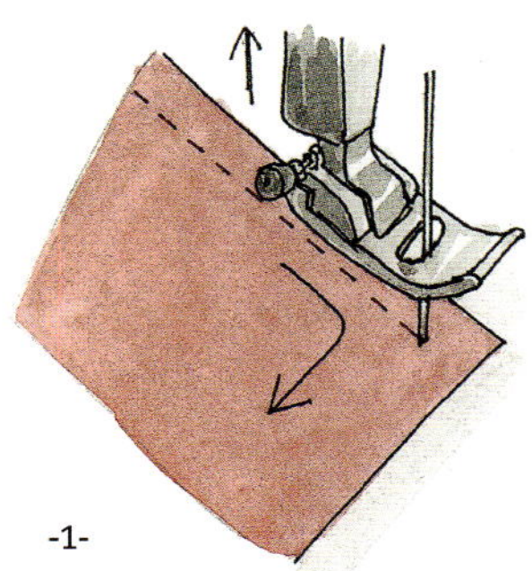

-1-

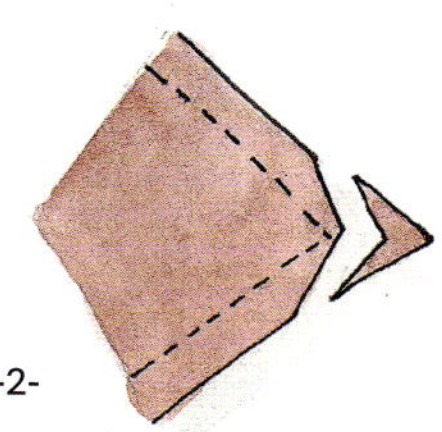

-2-

Surpiquer
La surpiqûre est une couture au point droit que l'on fait généralement dans un but décoratif, ou pour consolider une couture.

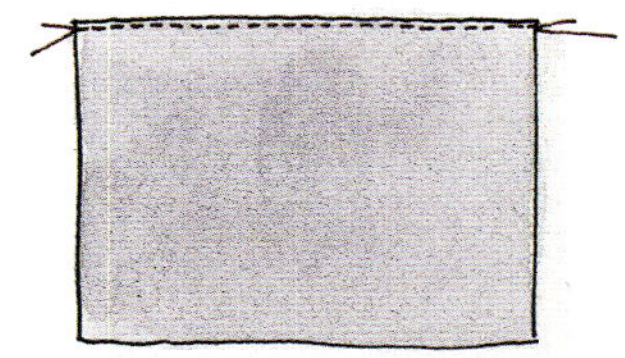

La couture en arrondi
Pour coudre un arrondi, allez-y un peu plus lentement et surveillez bien que le pied-de-biche reste toujours à la même distance de la lisière du tissu. Avant de retourner votre ouvrage sur l'endroit, vous devez cranter le tissu tout le long de la courbe, de façon à ce qu'il ne fronce pas.

La couture anglaise
La couture anglaise se fait en deux temps et permet d'avoir des finitions parfaites (la marge de couture est enfermée dans une autre couture). Elle s'effectue plutôt en ligne droite.

• Pour réaliser une couture anglaise (prévoyez une marge de couture de 1,5 cm), posez les deux pièces de tissu envers contre envers. Faites un point droit à 0,5 cm du bord (ill. 1).

• Repassez bien en ouvrant la couture (ill. 2). Refermez le tissu endroit contre endroit et repassez de nouveau pour bien aplatir la couture.

• Piquez le long de la ligne de couture précédente à 1 cm du bord (ill. 3). Repassez à nouveau.

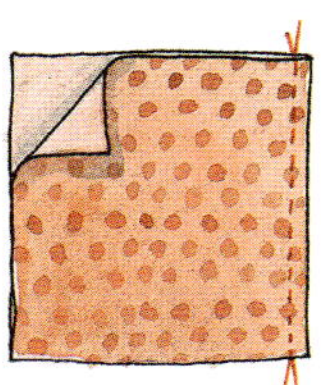
-1-

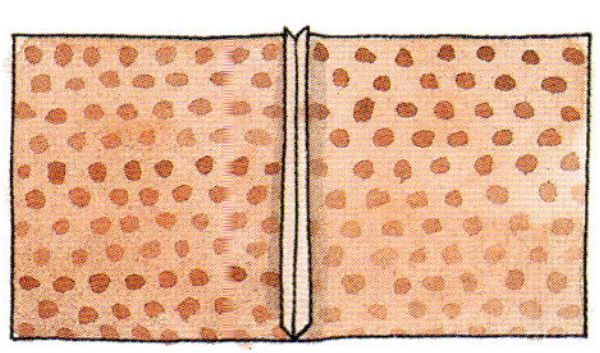
-2-

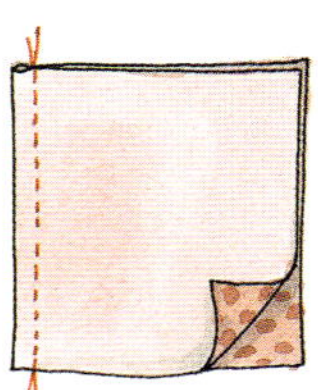
-3-

Faire des plis couchés
Le pli couché est très facile à réaliser et il fait beaucoup d'effet, que ce soit sur un vêtement ou en ameublement !
Pour faire des plis couchés, marquez les repères des plis avec des épingles, un feutre textile ou des petites encoches au ciseau, sur l'endroit du tissu (ill. 1).

• Pour faire un premier pli, faites glisser le tissu situé entre les deux repères (de façon à ce que les repères se rejoignent), soit sur la droite soit sur la gauche (sur le schéma, c'est sur la gauche). Épinglez ensemble les trois épaisseurs de tissu qui forment le pli (ill. 2).

• Procédez de même pour les autres plis. Faites un point avant à 1 cm du bord pour maintenir l'ensemble (ill. 3).
Vous pouvez marquez ces plis au fer à repasser, avec beaucoup de vapeur pour faire un plissé, ou les laisser libres, simplement retenus par la couture.

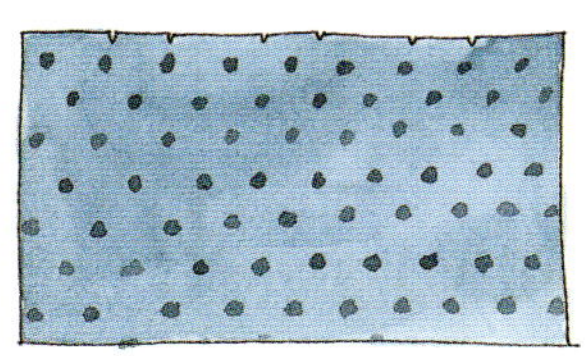
-1-

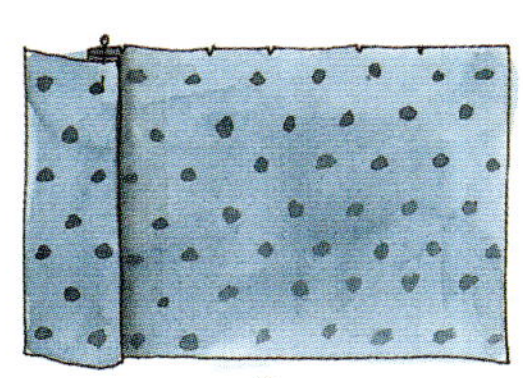
-2-

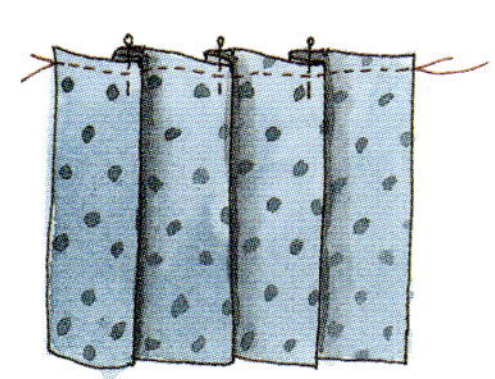
-3-

Faire un patchwork
Un patchwork est un assemblage de plusieurs pièces de tissu cousues entre elles pour former une ensemble décoratif.
Pour obtenir un patchwork parfait, il faut être très minutieuse : en effet, si vos carrés (ou autres formes) ne sont pas tous exactement de la même taille et si vos marges de couture ne sont pas régulières, vous aurez des problèmes au montage.

• Pour faire un patchwork simple, je vous conseille de faire un gabarit de la forme à découper. Posez le gabarit sur l'envers de chaque tissu et tracez les contours avec un feutre textile (ill. 1). Découpez les carrés sur le tracé.

• Définissez votre marge de couture (entre 0,5 et 1 cm), et pour être sûre de vous y tenir placez un ruban adhésif coloré sur votre plaque d'aiguille (la distance entre l'aiguille et le bord de l'adhésif correspond à votre marge de couture) (ill. 2).

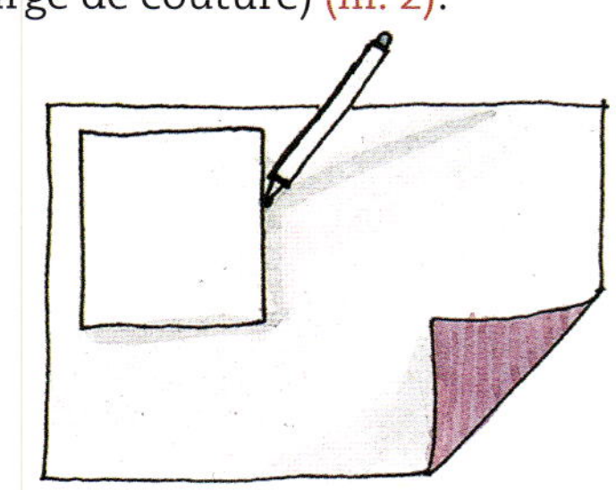
-1-

-2-
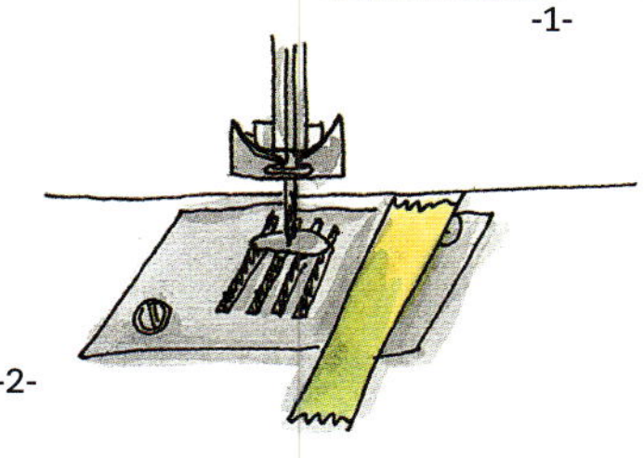

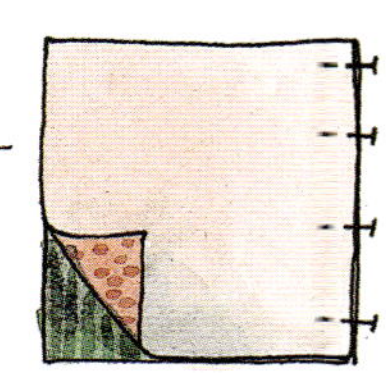
-3-

• Assemblez les carrés deux par deux en les épinglant avec de petites épingles à patchwork (ill. 3) et piquez.

• Pour éviter de couper les fils après chaque couture, vous pouvez coudre les carrés à la chaîne, en les glissant les uns après les autres sous le pied-de-biche (il faudra alors couper les fils après la couture pour séparer les carrés) (ill. 4).

• Ensuite, ouvrez les coutures avec vos ongles puis repassez-les pour les aplatir, en les couchant toutes du même côté.

• Assemblez maintenant de la même façon les bandes obtenues deux par deux (ill. 5) (en faisant bien coïncider les coutures qui doivent être couchées du même côté), de façon à obtenir des blocs de quatre carrés (ill. 6). Puis assemblez les blocs entre eux, jusqu'à ce que vous ayez utilisé tous vos carrés.

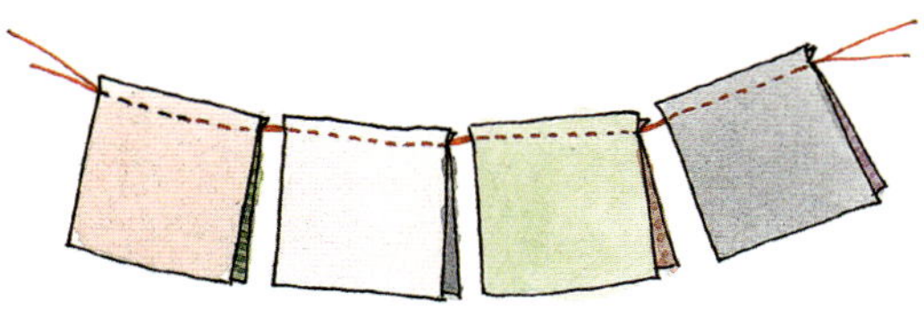

-4-

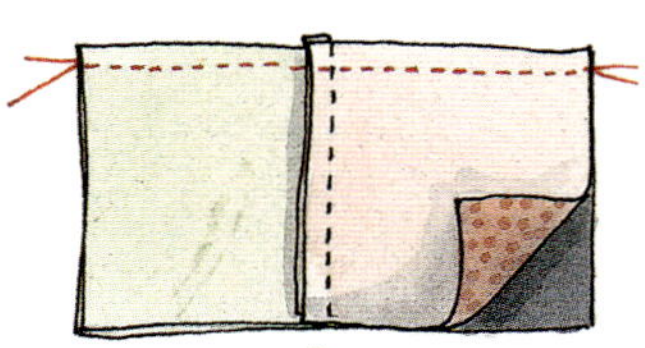

-5-

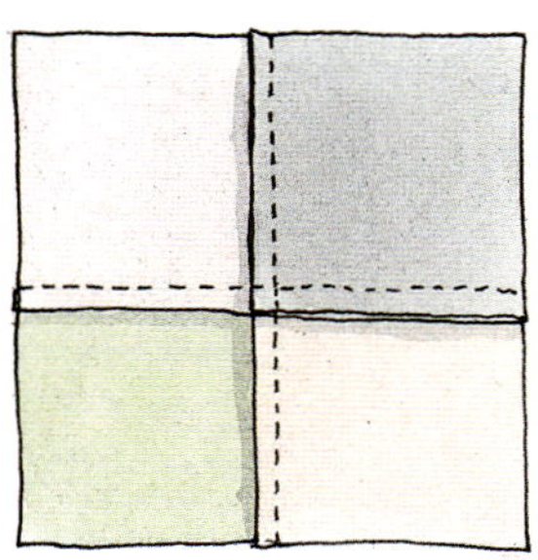

-6-

Coudre un ourlet

Un ourlet est un repli de tissu qui permet de terminer un ouvrage. Il existe beaucoup de façons différentes de faire un ourlet, en fonction de la forme de l'ouvrage à ourler, du tissu utilisé, etc. Nous allons voir ici les deux ourlets les plus courants : l'ourlet simple et l'ourlet double (ou double rentré).

• Pour faire un ourlet simple, il faut d'abord surfiler le bord à ourler de façon à avoir une finition plus nette (ill. 1).

• Avec le fer à repasser et une règle, marquez un pli régulier sur l'envers de toute la longueur de la pièce à ourler (ill. 2).

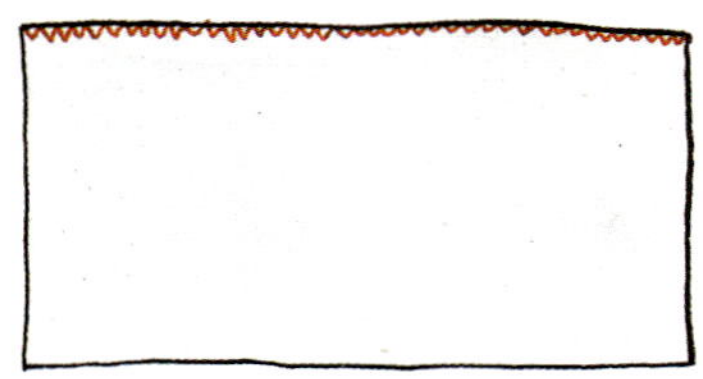

-1-

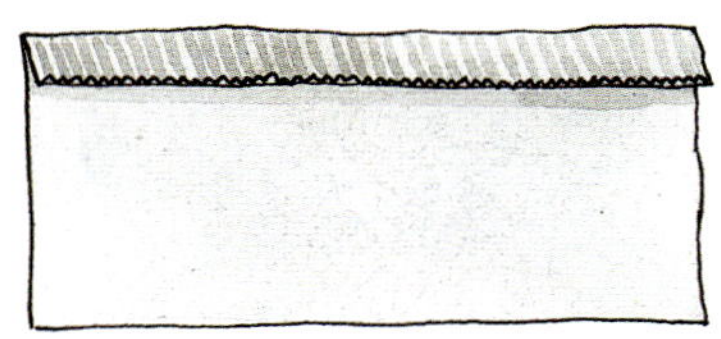

-2-

-3-

• Épinglez pour maintenir le pli puis piquez avec un point droit juste sous la couture en zigzag du surfil (ill. 3).

• Pour faire un ourlet double, marquez au fer à repasser un premier pli sur l'envers du tissu (ill. 1), puis marquez un second pli un peu plus grand que le premier (ill. 2).

• Épinglez puis piquez avec un point droit à 2 mm du haut du double rentré (ill. 3). Si vous devez diminuer la hauteur d'une jupe ou d'un pantalon, utilisez de préférence l'ourlet double.

Ces deux ourlets peuvent se réaliser à la main avec un point glissé (voir p. 15); de cette façon il seront invisibles sur l'endroit.

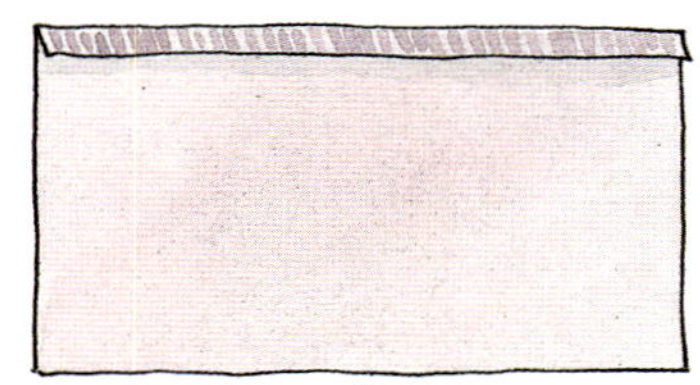

-1-

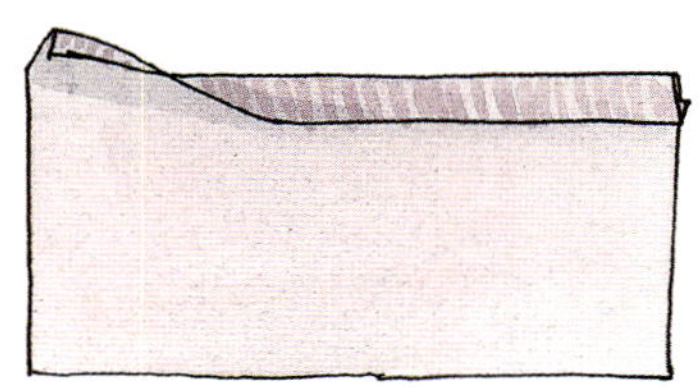

-2-

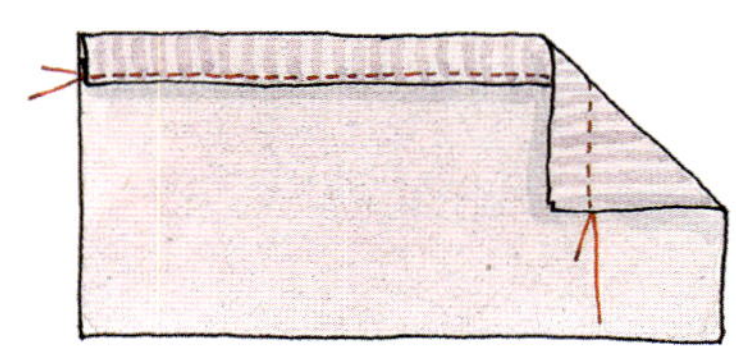

-3-

Poser une fermeture à glissière
C'est une des choses que redoutent toutes les couturières débutantes, mais finalement, vous allez voir, ce n'est pas si sorcier que ça !

Il existe plusieurs façons de poser les fermetures à glissière ; pour le vêtement, les plus utilisées sont le montage bord à bord, le montage sous patte et le montage invisible. Nous allons voir ici le montage bord à bord, qui est le plus facile.

• Surfilez toute la longueur des bords sur lesquels la fermeture à glissière va être cousue.

• Posez le tissu endroit contre endroit, marquez avec une épingle l'emplacement de la fin de votre fermeture éclair et piquez le reste à 1 cm du bord (ill. 1).

• Avec un fer à repasser, ouvrez la couture et marquez les plis dans la continuité sur toute la longueur (ill. 2).

• Retournez sur l'endroit. Mettez en place votre fermeture à glissière sous les deux côtés et bâtissez tout autour, de façon à ce que les dents de la fermeture soient recouvertes par le tissu et que les deux pans du tissu soient bord à bord (ill. 3).

• Equipez votre machine du pied spécial fermeture à glissière (voir p. 21), puis glissez le tissu sous le pied-de-biche.

• Ouvrez la fermeture à glissière, puis commencez à piquer à 5 mm du bord du tissu (ill. 4). Un peu avant d'arriver à la fin de la fermeture, arrêtez de coudre, laissez l'aiguille plantée dans le tissu, relevez le pied-de-biche, puis fermez la fermeture à glissière.

• Recommencez à piquez jusqu'à environ 5 mm sous la fin de la fermeture, puis faites pivoter votre tissu en angle droit. Cousez sur 1 cm puis pivotez à nouveau pour coudre l'autre côté (ill. 5).

• Si vous ne vous sentez pas à l'aise pour coudre la fermeture à glissière avec votre machine à coudre, vous pouvez tout à fait la coudre à la main, avec un point de piqûre (voir p. 15).

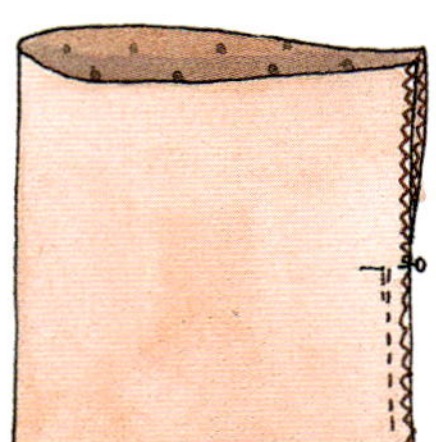
-1-

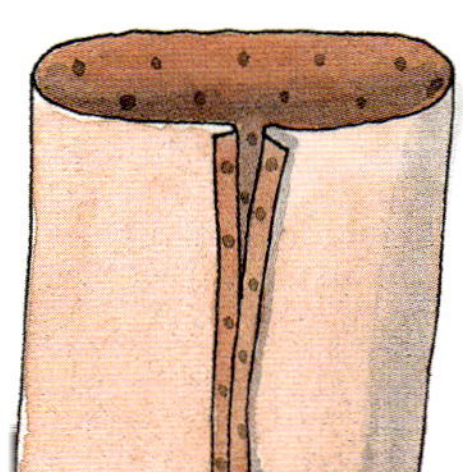
-2-

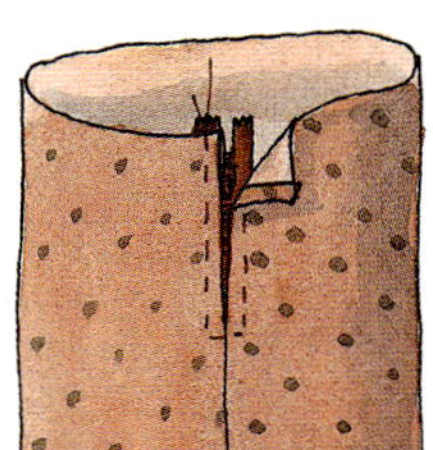
-3-

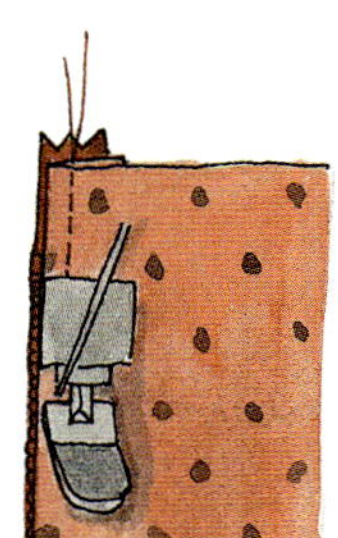
-4-

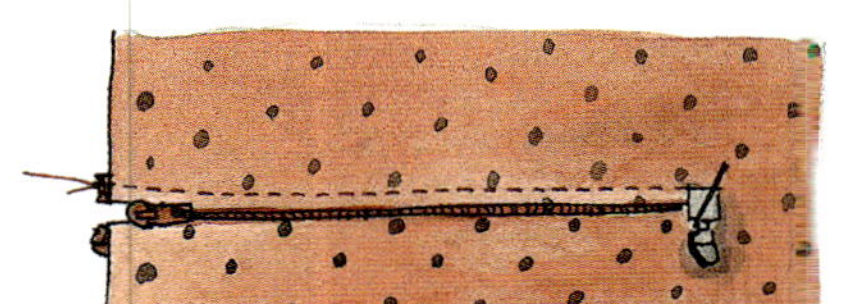
-5-

Fabriquer et poser un biais

Il est assez facile de fabriquer son biais soit-même, mais il faut pour cela disposer d'un petit outil appelé appareil à biais (voir p. 8). Pour faire du biais, utilisez plutôt un tissu fin ou moyen.

Voici la technique :

• Repliez un coin du tissu en angle droit (ill. 1). Repassez, dépliez puis coupez sur la pliure.

• Avec une règle à patchwork et un crayon papier (ou un feutre textile si le tissu est foncé), tracez des lignes parallèles à la diagonale obtenue puis coupez les bandes (ill. 2). La largeur des bandes dépend de la largeur de biais désirée (pour un biais qui fera 1 cm de large replié, vous devez découper des bandes de 4 cm de large).

• Superposez les extrémités des bandes deux à deux à 90°, endroit contre endroit. Épinglez puis piquez à 0,5 cm du bord (ill. 3).

• Avec le fer à repasser, couchez la marge de couture d'un côté (toujours du même côté sur toute la longueur du biais), et coupez les pointes qui dépassent (ill. 4).

• Glissez la bande obtenue dans l'appareil à biais, faites-la dépasser de quelques cm puis repassez en faisant glisser l'appareil à biais vers l'arrière (ill. 5).

• Pliez la bande en deux et repassez à nouveau sur toute la longueur (ill. 6).

Voyons maintenant comment coudre le biais :

• Posez-le sur la bordure du tissu, endroit du biais contre envers du tissu. Épinglez puis piquez sur toute la longueur, sur la première pliure, c'est à dire à 1 cm du bord pour un biais de 4 cm déplié (ill. 7).

• Retournez le biais sur l'endroit du tissu et piquez sur toute la longueur à 1 mm du bord (ill. 8).

• Si vous voulez que la couture ne se voie pas, vous pouvez également coudre la biais à la main avec un point glissé qui sera invisible (voir p. 15).

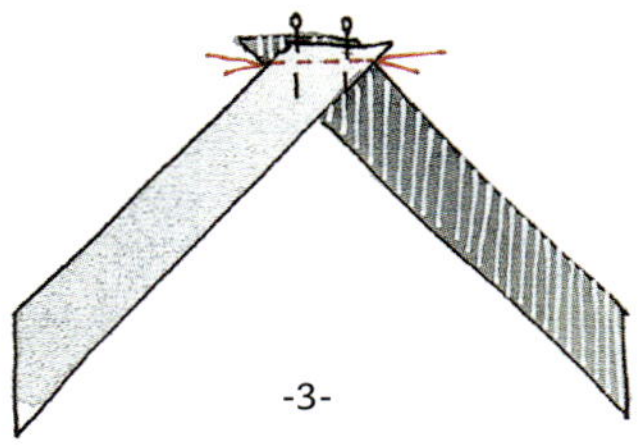

-3-

-4-

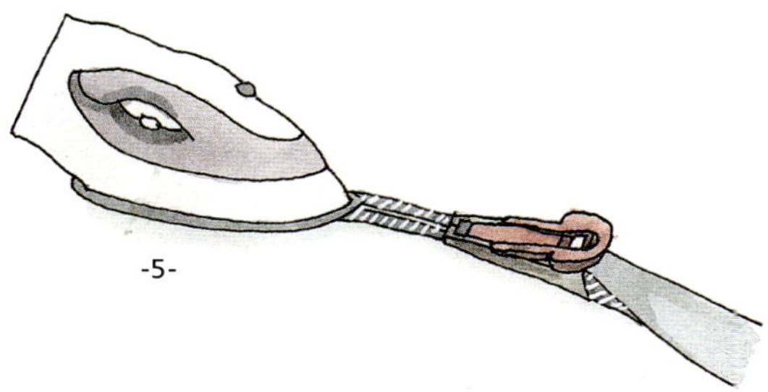

-5-

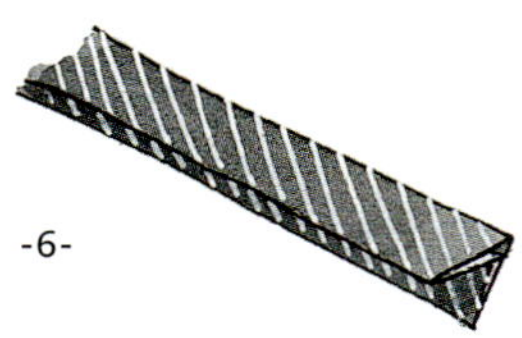

-6-

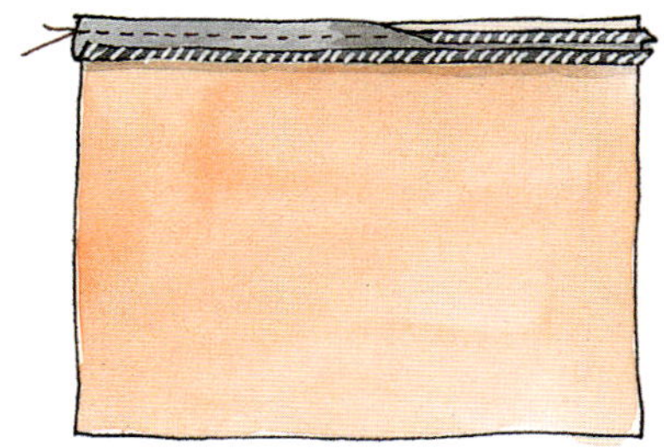

-7-

-8-

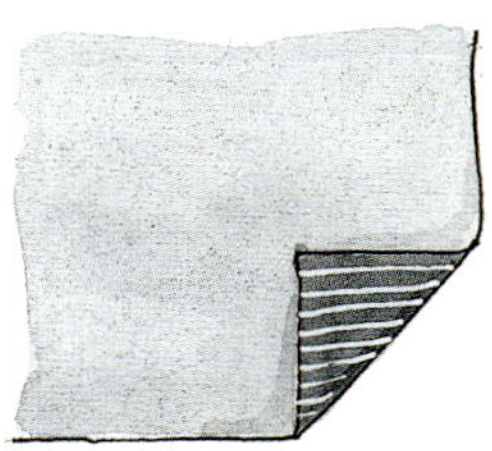

-1-

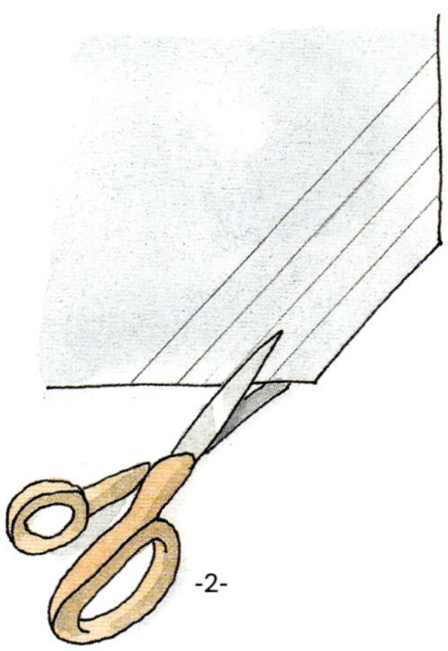

-2-

Fabriquer et poser un passepoil
Pour fabriquer un passepoil, vous devez vous procurer de la ganse à passepoil, ou à défaut de la cordelette.

• Pour déterminer la largeur de votre bande de tissu, prenez un mètre de couturière, entourez la ganse et rajoutez 1 cm de part et d'autre (ill. 1). Vous obtiendrez la largeur nécessaire.

• Les premières étapes sont les mêmes que si vous vouliez fabriquer un biais (jusqu'à l'illustration 4 inclue).

-1-

• Une fois que vous avez votre bande de tissu, posez la ganse à passepoil au centre (vous pouvez faire un nœud à l'extrémité pour l'empêcher de glisser), pliez le tissu de façon à la maintenir au centre, et piquez tout le long au raz de la ganse, avec un pied ganseur (ill. 2) ou un pied à passepoil (à commander auprès de votre revendeur de machine à coudre).

• Quand vous posez un passepoil, il doit toujours être pris entre deux épaisseurs de tissu. Pour cela, mettez-le en place sur l'endroit du premier tissu (la marge de couture du passepoil doit coïncider avec la bordure du tissu) et bâtissez-le (ill. 3).

• Sur des arrondis très marqués, vous pouvez cranter la marge de couture du passepoil pour qu'elle soit plus souple.

• Puis superposez le deuxième tissu, endroit contre endroit.

• Bâtissez à nouveau ou épinglez, puis piquez l'ensemble à 1 cm du bord (ill. 4).

• Retournez l'ouvrage sur l'endroit (ill. 5).

• Pour faire un raccord, il faut faire un rentré de 1 cm à une des extrémités puis faire se chevaucher les deux extrémités sur 1 cm (ill. 6).

• Il est préférable de relier les deux bouts de la ganse à passepoil par une couture à la main, comme ça elle ne bougera pas.

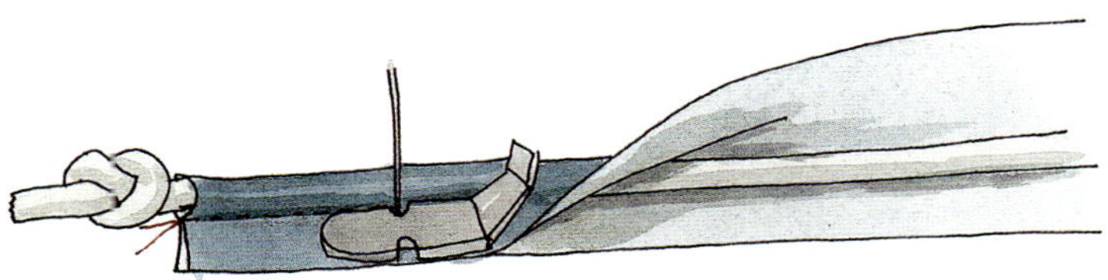
-2-

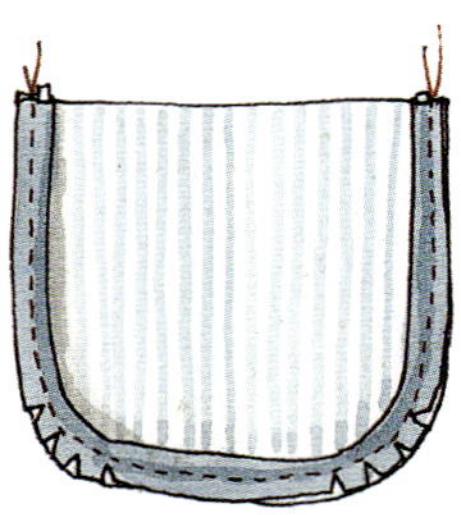
-3-

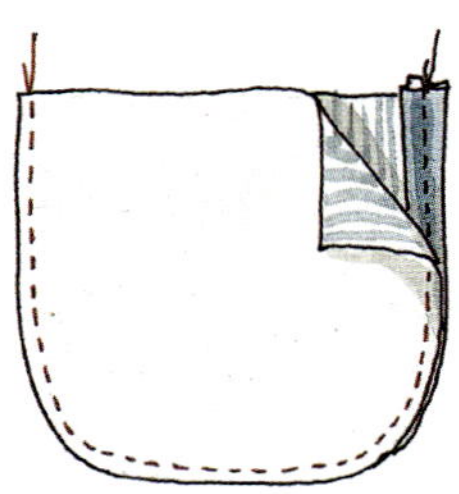
-4-

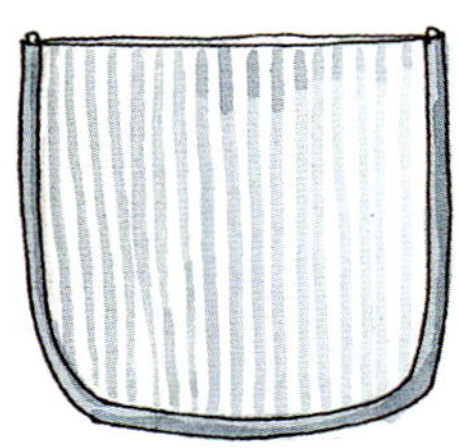
-5-

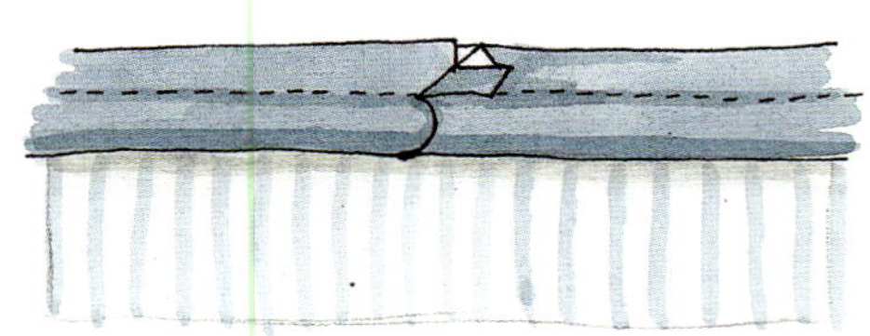
-6-

Faire une parementure

La parementure est une pièce de tissu (généralement entoilée) cousue sur un bord ou une partie de l'ouvrage (par exemple l'encolure d'un vêtement) de façon à doubler cette partie et lui donner plus de rigidité.

• Elle reprend exactement la forme du bord de la partie à recouvrir (ill. 1) et elle est cousue endroit contre endroit puis retournée sur l'envers. De cette façon, les marges de couture son cachées sous la parementure.

• Pour coudre une parementure, posez-la endroit contre endroit sur l'ouvrage, épinglez et piquez (ill. 2).

• Crantez les arrondis ou coupez les angles s'il y en a (ill. 3).

• Retournez la parementure sur l'envers du tissu et repassez bien (ill. 4).

• Sur l'endroit, vous obtenez une bordure impeccable (ill. 5).

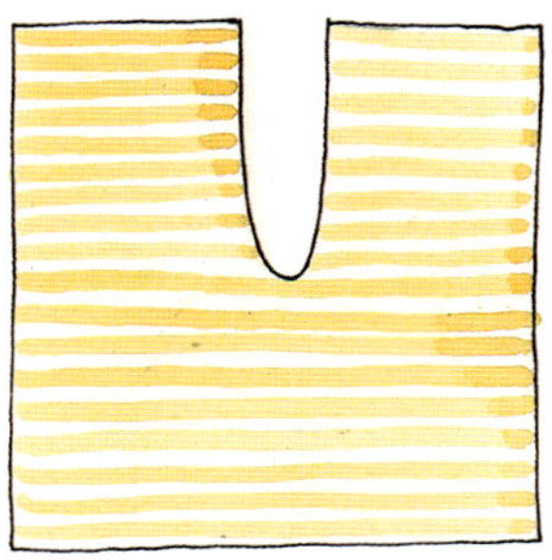

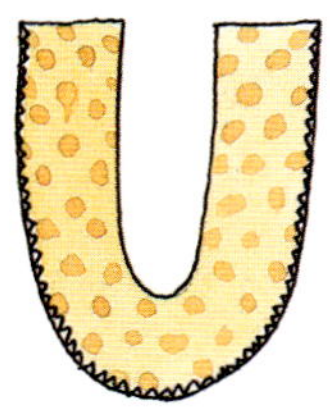

-1-

-2-

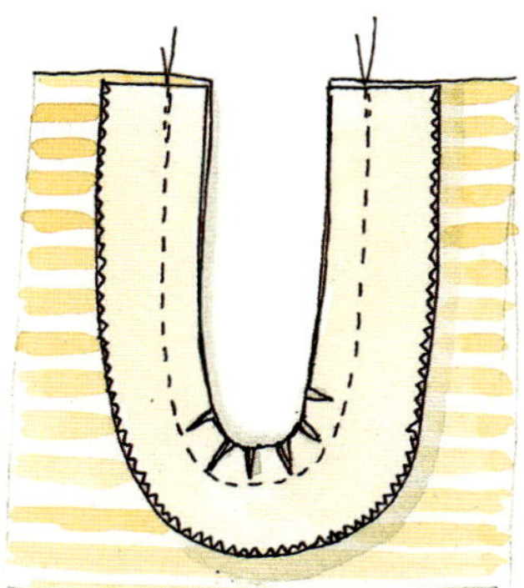

-3-

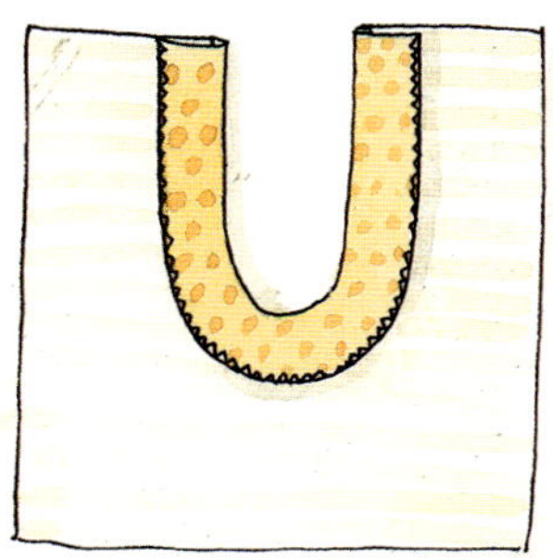

-4-

-5-

Entoiler

L'entoilage consiste à thermocoller un textile (une toile ou un non-tissé) sur l'envers du tissu pour lui donner plus de tenue et de rigidité. Il en existe plusieurs épaisseurs et qualités, à choisir selon l'épaisseur du tissu à entoiler.
L'envers de l'entoilage est légèrement brillant parce que recouvert de colle ; c'est cette partie qu'il faut appliquer sur l'envers du tissu (si vous vous trompez de sens, votre fer à repasser n'appréciera pas !).

• Pour entoiler, il suffit donc de poser l'envers de l'entoilage sur l'envers de votre tissu, et de faire pression avec un fer à repasser chaud et sans vapeur.

• Maintenez la pression environ 8 secondes, puis recommencez jusqu'à ce que vous ayez entoilé la surface nécessaire.

Coudre un appliqué

• Pour coudre un appliqué, vous devez préalablement entoiler la forme à appliquer de façon à lui donner plus de tenue. Le mieux est d'entoiler un carré ou un rectangle de toile (ill. 1), d'y tracer et découper la forme (ill. 2).

• Positionnez ensuite la forme à l'endroit souhaité, épinglez-la (vous pouvez aussi éventuellement la coller avec une colle spécial textile) et faites un point zigzag très serré tout autour (ill. 3).

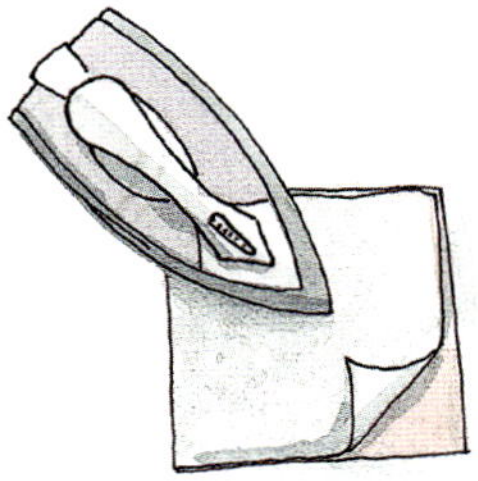

-1-

-2-

-3-

Matelasser

Matelasser consiste à insérer une couche de molleton entre deux pièces de tissu, et à faire des lignes de couture décoratives.

• Pour commencer, posez devant vous le tissu du dessous (endroit contre la table), puis le molleton et enfin le tissu du dessus, endroit vers vous (ill. 1).

• Bâtissez tout autour.

• Faites un point de bâti en croix et en diagonale de façon à ce que les épaisseurs de tissu soient bien maintenues (ill. 2).

• Vous pouvez tracer au feutre textile toutes les lignes de matelassage (dans ce cas, faites-le avant l'étape 1) ou bien tracer une seule ligne puis vous guider avec le pied-de-biche pour espacer régulièrement les suivantes (cela fonctionne uniquement si les lignes ne sont pas trop éloignées) (ill. 3).

• Une fois votre matelassage terminé, enlevez tous les fils de bâti (ill. 4).
Si vous compter faire beaucoup de matelassage, vous pouvez investir dans un pied-de-biche spécial avec une barre extensible qui permet de vous guider parfaitement.

-1-

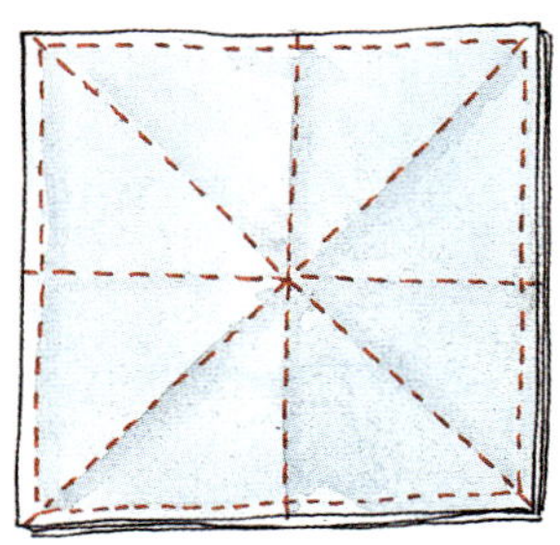

-2-

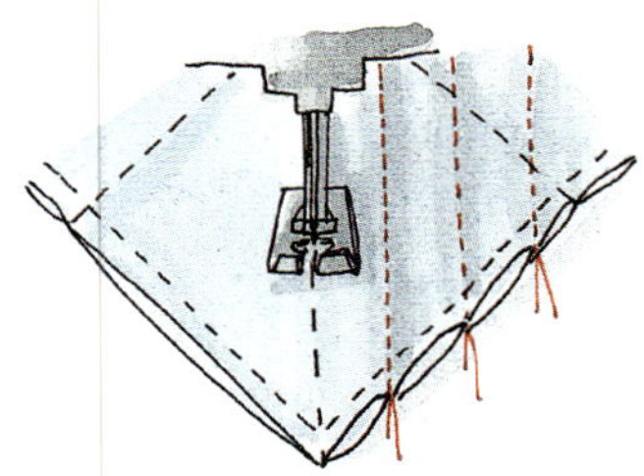

-3-

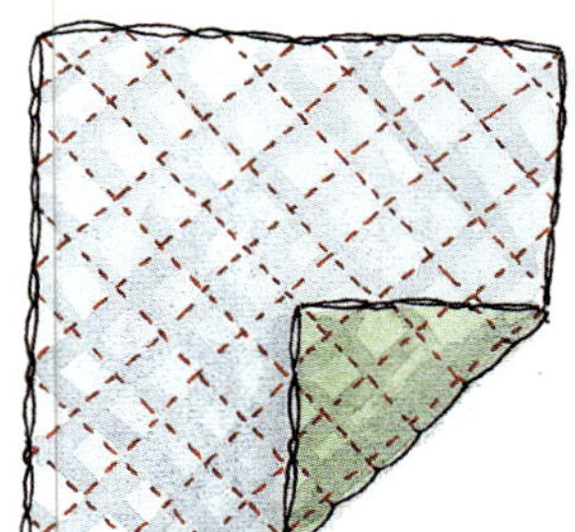

-4-

Broder une boutonnière

En fonction du modèle de votre machine à coudre, la façon de faire les boutonnières diffère.

Sur les machines très perfectionnées, vous disposez d'un pied spécial dans lequel vous insérez le bouton pour déterminer la taille de la boutonnière. Il vous suffit ensuite de choisir le modèle de boutonnière et la machine fait le travail toute seule !

Sur d'autres machines, la boutonnière se fait en quatre temps et vous devez tourner le quadrant du sélecteur de point à chaque étape.

Si votre machine ne dispose pas de point de boutonnière, vous pouvez malgré tout en réaliser (avec un peu d'entraînement !), avec un simple point zigzag. Commencez par marquer l'emplacement de votre boutonnière avec un feutre textile (ill. 1).

• Positionnez l'aiguille de votre machine à coudre sur la gauche, placer votre tissu sous le pied-de-biche, aiguille au dessus du repère À.

• Sélectionnez le point zigzag, de petite largeur (environ 1,5 mm) et de très petite longueur (0,1 ou 0,2 mm).

• Commencez à broder le côté gauche de la boutonnière, jusqu'au repère B (ill. 2).

• Terminez avec l'aiguille côté gauche, sans la laisser enfoncée dans le tissu. Régler la largeur du point zigzag sur 4 mm environ, tournez le volant de la machine à coudre pour que l'aiguille s'enfonce dans le repère B (décalez légèrement le tissu si besoin) et faites 4 ou 5 points. Appuyez sur la touche « marche arrière » pour coudre à nouveau sur ces points, jusqu'à ce que vous soyez au dessus du repère C (ill. 3).

• Terminez avec l'aiguille côté droit, sans la laisser enfoncée dans le tissu. Faites pivoter le tissu à 180°, réglez le point zigzag sur la petite largeur, tournez le volant pour enfoncer l'aiguille dans le repère C puis brodez le deuxième côté en vous arrêtant au repère D (ill. 4).

• Terminez avec l'aiguille côté gauche, sans la laisser enfoncée dans le tissu. Réglez la largeur du point zigzag sur 4 mm environ, tournez le volant de la machine à coudre pour que l'aiguille s'enfonce dans le repère D (décalez légèrement le tissu si besoin) et faites 4 ou 5 points. Appuyez sur la touche « marche arrière » pour coudre à nouveau sur ces points, afin de les consolider (ill. 5).

• Maintenant, vous pouvez ouvrir la boutonnière avec un découd-vite ou des ciseaux de broderie, en faisant bien attention de ne pas couper les fils.

• Dans tous les cas, avant de coudre une boutonnière sur votre ouvrage, il est impératif de la réaliser une première fois sur une chute de tissu, pour être sûre de vos réglages (notamment sur la longueur de la boutonnière).

• Vous pouvez ensuite marquer l'emplacement de la boutonnière sur votre ouvrage avec un feutre textile (en général, l'emplacement est indiqué sur les patrons) puis vous lancer !

-1-

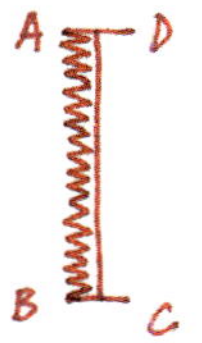

-2-

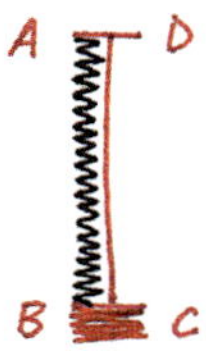

-3-

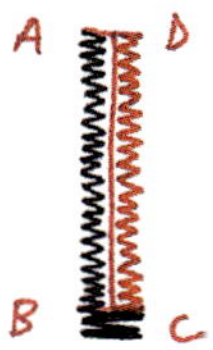

-4-

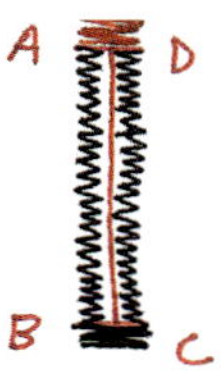

-5-

Coudre un bouton

De manière générale, il faut toujours broder la boutonnière avant de coudre le bouton. Une fois que vous avez votre boutonnière, posez le bouton à son emplacement et marquez-le avec une épingle ou une croix au feutre textile. Il existe plusieurs types de boutons qui se cousent différemment selon leur configuration.

Les boutons ronds présentent généralement deux ou quatre trous. Pour les coudre, vous devez enfiler un fil solide dans le chas de l'aiguille, et le prendre en double (c'est à dire que vous faites se rejoindre les deux extrémités du fil et faites un double nœud au bout).

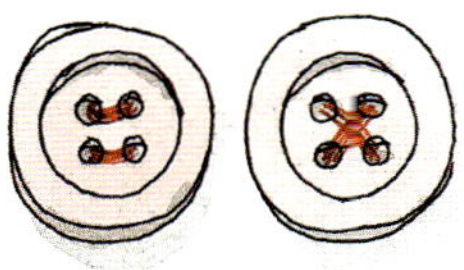

-1-

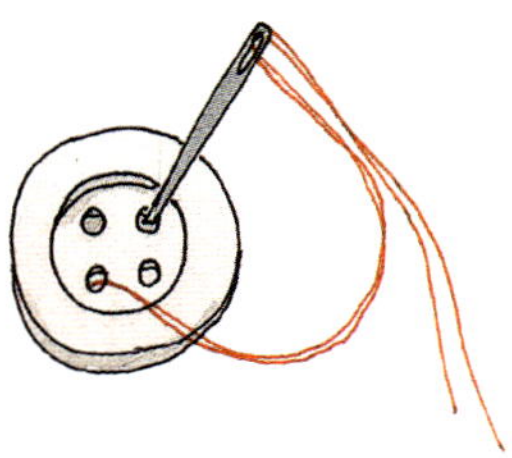

-2-

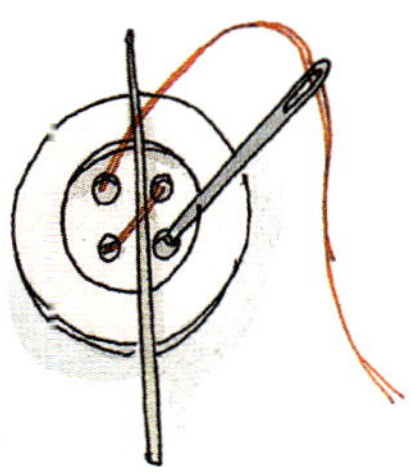

-3-

-4-

- Piquez l'aiguille sur l'envers à l'emplacement du bouton, faites la ressortir sur l'endroit dans un des trous.
- Piquez dans le deuxième trou (en parallèle ou en croix pour les boutons à quatre trous (ill. 1), tirez le fil sur l'envers et ainsi de suite jusqu'à ce que le bouton soit solidement cousu (ill. 2).
- Finissez par un nœud sur l'envers. Si le tissu est épais, placez une épingle ou un cure-dent entre le bouton et le fil pendant que vous cousez (ill. 3).
- À la fin, ressortez l'aiguille sous le bouton, otez le cure-dent, tirez le bouton vers vous et enroulez le fil plusieurs fois autour des fils retenant le bouton (ill. 4).
- Finissez par un nœud solide sur l'envers.

Les boutons à tige (comme les boutons à recouvrir, par exemple) sont très simples à coudre mais il faut utiliser un fil très solide en double parce que la couture s'use facilement.

- Il suffit de faire sortir le fil sur l'endroit, de le passer dans la tige et de le rentrer sur l'envers tout près de là où il est sorti (ill. 5).
- Répétez l'opération plusieurs fois et terminez par un nœud sur l'envers.

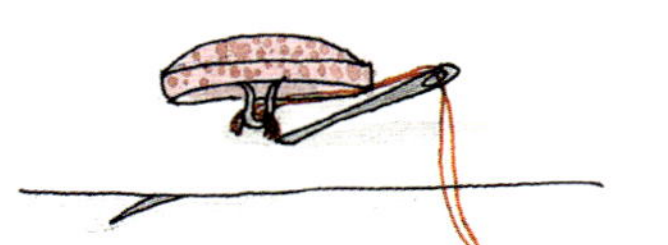

-5-

Coudre du cuir

Coudre du cuir n'est pas plus difficile que coudre du tissu, il faut juste penser à bien équiper sa machine !

Vous trouverez facilement des aiguilles « spécial cuir » (comme pour le tissu, il existe plusieurs épaisseurs à adapter en fonction de l'épaisseur de votre cuir).

Il vous faudra également commander un pied-de-biche non adhérant en Téflon auprès de votre revendeur de machine à coudre ; cela vous facilitera grandement la tâche quand vous voudrez coudre du cuir ou de la toile cirée !

Transférer un motif à broder sur un tissu

Pour transférer un motif sur un tissu, vous pouvez utiliser la bonne vieille technique du papier calque : décalquer le motif à broder avec un crayon à papier gras sur un calque épais.

Retournez la feuille de papier et recommencez le tracé (pour que le motif ne soit pas inversé).

Posez la feuille sur le tissu à broder (envers du papier calque contre endroit du tissu) puis reportez le dessin en le traçant à nouveau tout en exerçant une pression avec le crayon.

Cette technique est valable pour les tissus clairs ; pour les tissus foncés, vous pouvez acheter en mercerie un papier carbone spécial tissu.

Mémo

Le jargon de la couture étant assez vaste, il existe pas mal de mots et d'expressions pouvant être employés pour dire la même chose. C'est pourquoi on peut vite se sentir perdue quand on met le nez dans les explications de couture d'auteurs différents.

Voici donc un petit rappel des termes que vous trouverez le plus souvent dans les explications de ce livre :

- **aplatir une couture** : écarter les rebords de la couture avec le fer à repasser en les couchant de part et d'autre de la ligne de couture (ou du même côté si c'est précisé).

- **assembler** : réunir deux pièces de tissu avec des épingles, un bâti ou une couture.

- **bâtir** : assembler le tissu avec un point droit long et pas trop serré, à la main ou à la machine (voir p. 23).

- **couper en double sur la pliure** : plier le tissu en deux sur son droit fil avant de couper le patron (voir p. 22).

- **couper les angles** : couper le tissu autour de l'angle afin de ne pas avoir une sur-épaisseur de tissu (voir p. 23).

- **cranter les arrondis** : faire de petits crans avec les ciseaux tout autour de l'arrondi (voir p. 23).

- **droit fil** : parallèle aux lisières du tissu.

- **endroit contre endroit** : endroit des deux tissus l'un contre l'autre.

- **envers contre envers** : envers des deux tissus l'un contre l'autre.

- **faire un double rentré** : faire un ourlet, c'est à dire, plier le tissu deux fois sur lui même (voir p. 25).

- **grand côté** : côté le plus long d'un rectangle.

- **laissez une ouverture dans la couture** : arrêter la couture (en faisant quelques points arrière) puis la reprendre quelques centimètres plus loin afin de laisser un espace dans la couture pour pouvoir retourner l'ouvrage sur l'endroit.

- **marge de couture** : distance entre la bordure du tissu et la couture. Elle est généralement d'1 cm ou d'1,5 cm.

- **petit côté** : côté le plus court d'un rectangle.

- **piquer** : coudre à la machine (ou à la main si c'est précisé) avec un point droit.

- **plier dans le sens de la largeur** : plier un rectangle en deux en réunissant les deux côtés les plus courts.

- **plier dans le sens de la longueur** : plier un rectangle en deux en réunissant les deux côtés les plus longs.

- **surfiler** : faire un point zigzag sur le bord d'une pièce de tissu.

- **surpiquer** : faire un point droit sur l'endroit d'une couture pour décorer ou consolider l'ouvrage.

Coussin géométrique

Niveau de difficulté : ☆
Techniques employées : épingler, surfiler, coudre en angle, coudre un ourlet, faire un patchwork.
Taille de la housse de coussin : 58 x 39 cm (pour un coussin rectangulaire de 55 x 35 cm).

Fournitures

Popeline blanche : 23 x 23 cm

Popeline brume : 23 x 23 cm

Popeline rose : 23 x 23 cm

Popeline brique : 23 x 23 cm

Popeline banane : 23 x 23 cm

Popeline encre : 104 x 41 cm

Matériel complémentaire
- épingles à patchwork

Une housse de coussin composée de tissus unis aux couleurs contrastées, pour un esprit fifties très tendance !
À réaliser également avec des chutes de tissu fleuri pour un style plus country.
Vous pouvez faire la housse de coussin unie, avec un seul tissu.
Dans ce cas, vous devez couper un rectangle de 60 x 41 cm pour le devant du coussin, deux carrés de 41 x 41 cm pour le dos et vous pouvez passer directement à l'illustration 5.

Coupe

- **Triangles pour le patchwork :** coupez un carré de 23 x 23 cm dans du carton fin puis coupez-le en deux dans la diagonale. Vous obtiendrez le gabarit du triangle. Coupez en deux dans chaque coloris, soit 12 triangles au total.
- **Dos du coussin :** coupez deux carrés de 41 x 41 cm dans la popeline encre.

Schéma de composition

Schémas de coupe

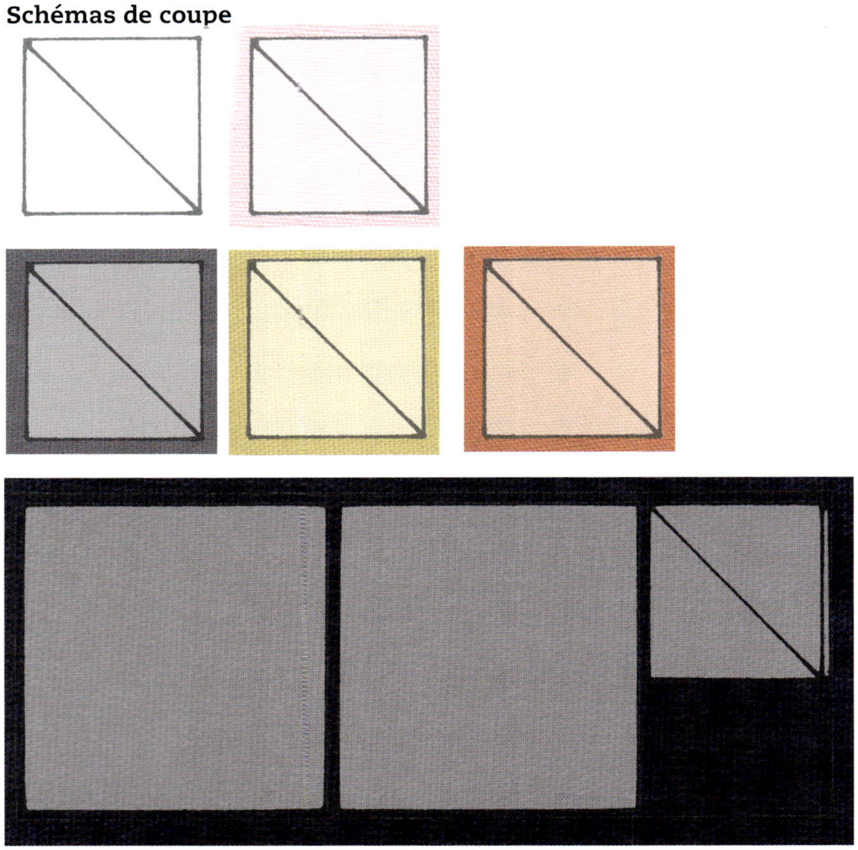

Explications

- Avant de commencez à coudre, réalisez votre composition avec les 12 triangles, en vous inspirant du schéma de composition proposé.
- Commencez le patchwork en assemblant les triangles deux par deux. Pour cela, prenez les triangles 1 et 2, posez-les endroit contre endroit épinglez la diagonale avec les épingles à patchwork, et piquez à 1 cm du bord (ill. 1). Prenez garde à ne pas tirer sur le tissu ; comme vous cousez dans le biais il se déforme plus facilement.
- Repassez la couture en l'ouvrant pour bien l'aplatir (ill. 2).
- Assemblez de la même façon les triangles 3 et 4, 5 et 6, 7 et 8, 9 et 10 et 11 et 12.
- Assemblez maintenant deux par deux les carrés ainsi obtenus, toujours en respectant la composition initiale (ill. 3).
- Repassez les coutures pour les aplatir.

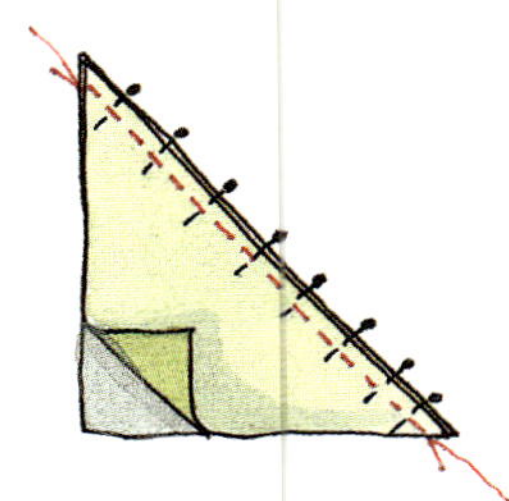

-1-

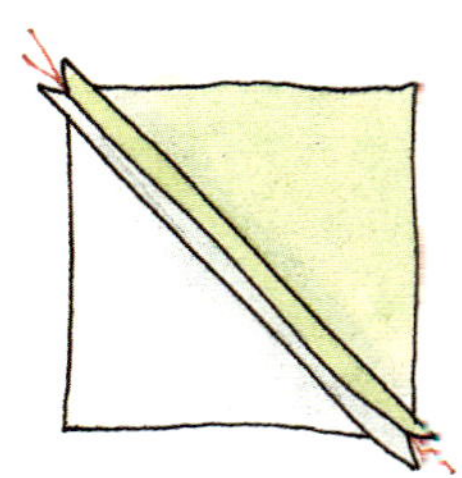

-2-

- Assemblez maintenant les trois bandes de patchwork entre-elles en les épinglant endroit contre endroit et en piquant à 1 cm du bord (ill. 4).
- Repassez l'ensemble en ouvrant les coutures.
- Sur 1 côté de chaque carré destiné au dos du coussin, marquez au fer à repasser un double rentré de 0,5 et 1 cm (ill. 5). Piquez-le.
- Posez les grands carrés sur le patchwork, endroit contre endroit, en les faisant se chevaucher au centre du coussin (ill. 6).
- Piquez tout autour à 1 cm du bord. Coupez les angles et les pointes de tissu dépassant du patchwork, puis surfilez tout autour (ill. 7).
- Retournez la housse sur l'endroit et insérez le coussin.

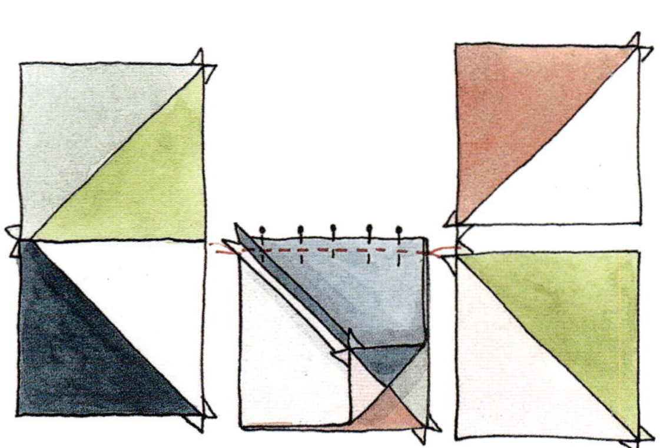
-3-

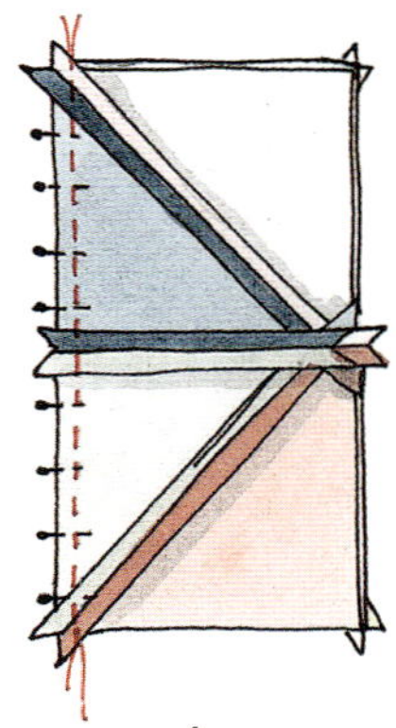
-4-

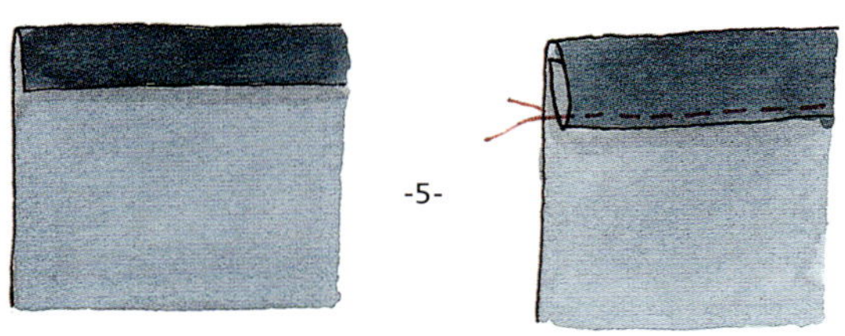
-5-

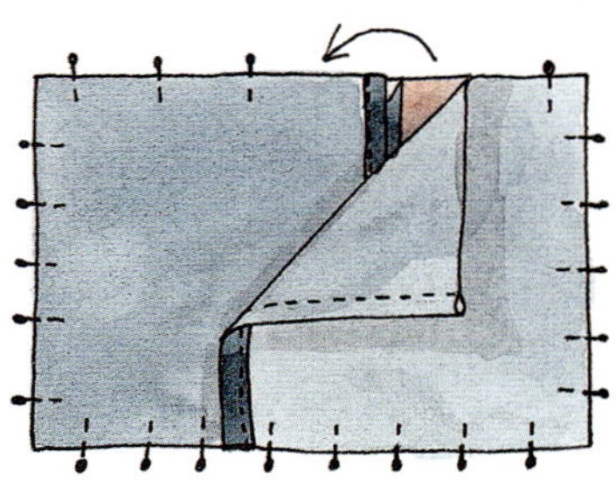
-6-

-7-

Housse de machine à coudre

Niveau de difficulté : ☆☆
Techniques employées : utiliser un patron, épingler, coudre en angle, coudre en arrondi, poser un biais, faire une parementure, faire un patchwork.
Taille de la housse : 44 x 21 x 29 cm.

Fournitures

 Liberty Betsy turquoise : 48 x 24 cm

 Liberty Poppy and daisy : 48 x 24 cm

 Liberty Fitzgerald gris : 36 x 24 cm

 Liberty Fitzgerald rouge : 36 x 24 cm

 Liberty Pepper : 24 x 24 cm

 Liberty Capel moutarde : 24 x 24 cm

 Popeline banane : 46 x 98 cm

- 140 cm de biais de largeur 1 cm (soit 4 cm déplié) de Liberty Fitzgerald gris (vous pouvez le fabriquer vous-même, voir p. 27)
- épingles à patchwork

Une housse très décorative pour protéger votre machine à coudre de la poussière. Vous pouvez aussi faire un modèle tout simple en remplaçant le patchwork par un tissu unique. Dans ce cas, le patron sera le même que celui de la doublure et vous pouvez passer directement à l'étape 5. Vous pouvez rigidifier la housse en la doublant avec un molleton bâti sur l'envers de la doublure.

un oiseau
etite mercerie
Bill's
Onurair
A321
Kyoto Costume Institute
SHION
mode du XVIIIe au XXe siècle
TASCHEN
Confectionnez vos vêtements
Flammarion
Dessinez et adaptez vos patrons

Coupe

- Patchwork de la base de la housse : coupez un carré de 24 x 24 cm dans du carton fin. Vous obtiendrez un gabarit à couper une fois dans chaque Liberty (soit 6 carrés au total).
- Patchwork des côtés de la housse (voir patron p. 92) : coupez l'élément 1 en double sur la pliure, une fois dans le Liberty Poppy and daisy et une fois dans le Liberty Betsy ; coupez l'élément 2 en double sur la pliure, une fois dans le Liberty Fitzgerald gris et une fois dans le Liberty Fitzgerald rouge.
- Doublure de la base : un rectangle de 68 x 46 cm à couper dans la popeline banane.
- Doublure des côtés de la housse (voir patron p. 92) : coupez en double sur la pliure, deux fois dans la popeline banane.

Schémas de coupe

Explications

- Répartissez vos six carrés et les éléments de côté de façon harmonieuse (ill. 1).
- Prenez les deux carrés situés en haut, posez-les endroit contre endroit puis épinglez et piquez un côté à 1 cm du bord. Procédez de même avec les carrés suivants, jusqu'à ce que vous obteniez trois bandes de deux carrés (ill. 2).
- Aplatissez bien les coutures (toutes du même côté) à l'aide d'un fer à repasser, puis assemblez les trois bandes entre elles en les posant endroit contre endroit, coutures contre coutures, en épinglant et en piquant à 1 cm des côtés (ill. 3).
- Assemblez les éléments de patchwork des côtés de la même façon (ill. 4).
- Prenez le grand rectangle de popeline banane, et marquez l'emplacement de la parementure sur l'envers, à l'aide d'un feutre textile ou d'un crayon à papier (ill. 5). Posez ce rectangle sur votre machine à coudre (endroit du tissu contre la machine) pour voir si l'emplacement de la parementure est bien positionné au niveau de la poignée. Si ce n'est pas le cas, rectifiez le tracé.
- Posez ce rectangle sur le rectangle de taille identique en patchwork, endroit contre endroit, épinglez-les ensemble et piquez sur le tracé de parementure (ill. 6).
- Avec de petits ciseaux pointus, ouvrez la parementure à partir des angles (ill. 7).

-1-

-2-

-3-

-4-

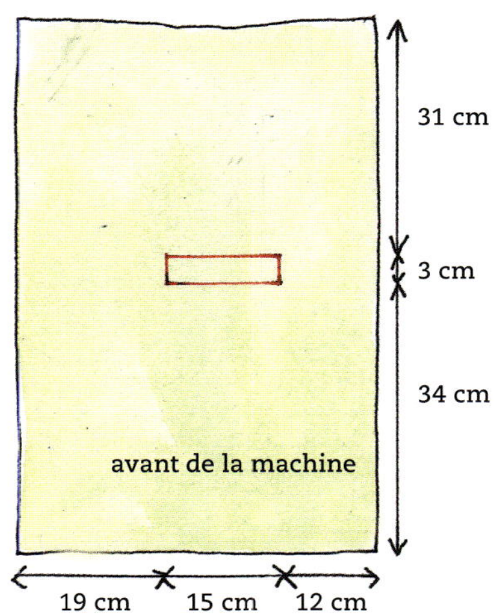

-5-

-6-

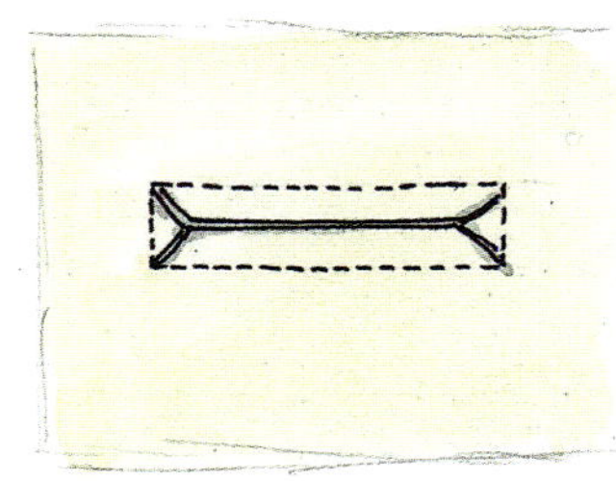

-7-

- Passez la doublure à travers cette ouverture, de façon à ce que les deux rectangles se retrouvent envers contre envers (ill. 8). Vous venez de réaliser une parementure.
- Commencez à assembler un des côtés en patchwork avec la base. Pour cela, posez le côté contre une des lisières de la base, endroit contre endroit, et épinglez tout du long de façon à ce que le tissu soit bien réparti. Piquez à 1 cm du bord (ill. 9).
- Assemblez de la même façon l'autre côté du patchwork ainsi que les côtés de la doublure (ill. 10).
- Rabattez la doublure sur le patchwork et piquez tout autour à 0,5 cm du bord pour les maintenir ensemble (prenez garde à ce que les coutures coïncident bien) (ill. 11).
- Posez le biais. Pour cela, faites un petit rentré au fer à repasser au début de la bande de biais, puis posez-la le long du bord de la doublure, endroit contre endroit. Piquez tout autour à 1 cm du bord (ill. 12). Quand vous avez fait le tour, superposez les deux extrémités du biais sur 1 cm et coupez l'excédent.
- Retournez le biais sur l'endroit et piquez à 2 mm du bord (ill. 13).

-8-

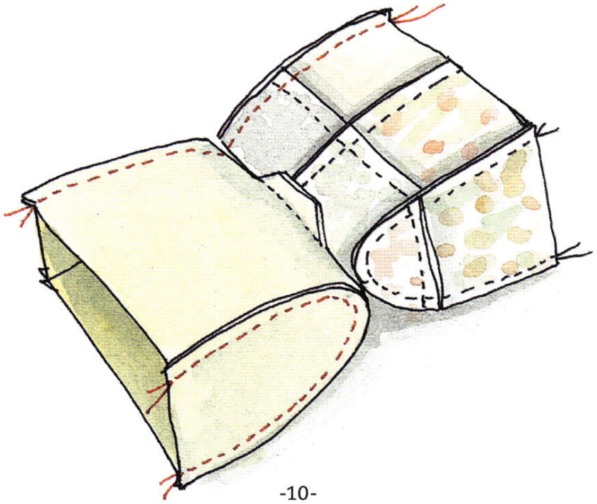
-10-

-12-

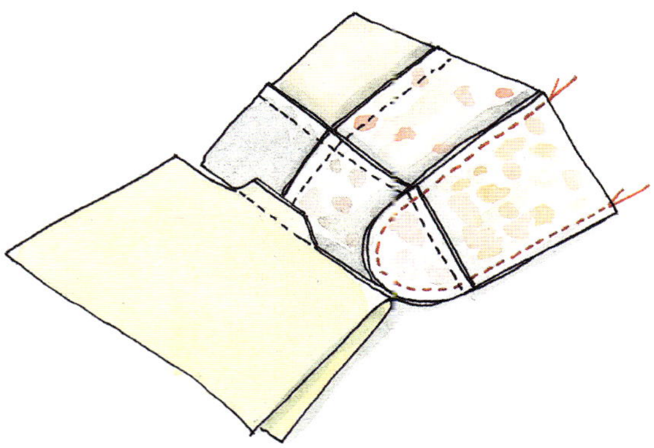
-9-

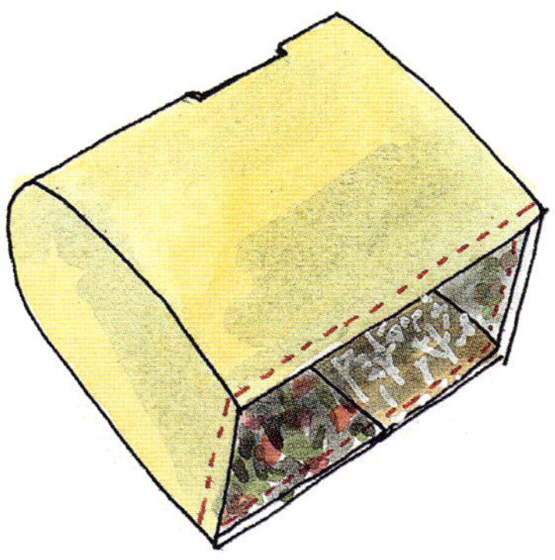
-11-

-13-

Rangement nomade

Niveau de difficulté : ☆☆☆
Techniques employées : épingler, bâtir, surpiquer, coudre en angle, faire des plis couchés, coudre un ourlet, poser un biais, broder une boutonnière, coudre un bouton.
Taille du panneau : 28 x 33 cm

Fournitures

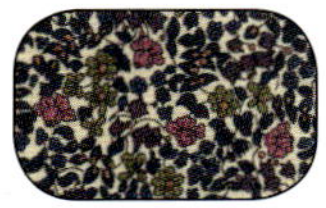 Liberty Emilia's flowers : 10,5 x 39 cm

 Toile de coton grise à pois : 136 x 50 cm

 Popeline de coton anthracite à étoiles (pour la doublure) : 60 x 35 cm

- 3 boutons à recouvrir de diamètre 2,5 cm

Matériel complémentaire
- 1 cintre

Ce vide-poches recto-verso vous accompagnera partout dans la maison, que ce soit pour ranger votre papeterie, vos accessoires de couture ou les jouets de vos enfants !

MASCOTTE
10.6.137 T.44
PATRON

Coupe

- Base du panneau : un rectangle de 60 x 35 cm à couper une fois dans le coton à pois et une fois dans le coton à étoiles.
- Poches : coupez dans le coton à pois un rectangle de 50 x 15 cm, un rectangle de 23 x 35 cm, un rectangle de 20 x 35 cm et un rectangle de 18 x 35 cm.
- Bordures : 3 bandes de 3,5 x 35 cm à couper dans le Liberty.

Schémas de coupe

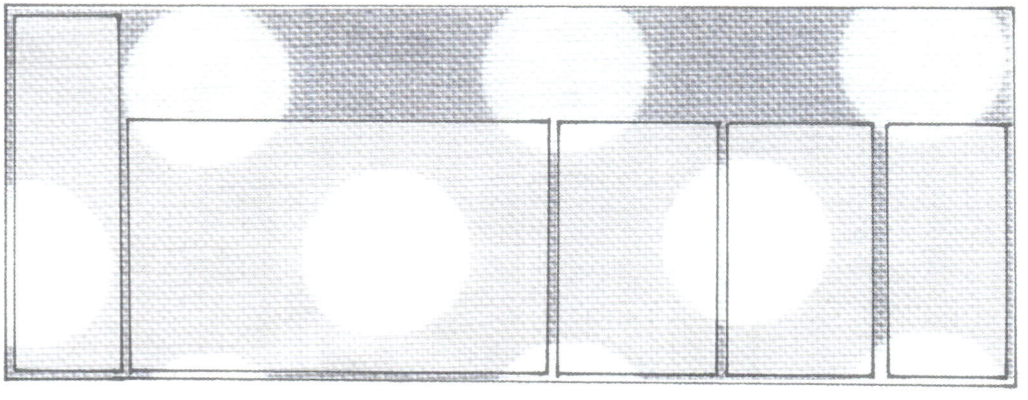

Explications

- Prenez les bandes de Liberty et faites sur chacune d'elles un rentré de 1 cm sur l'envers avec le fer à repasser (ill. 1).
- Posez ces bandes sur les trois rectangles à pois de même longueur, endroit du Liberty contre envers du tissu à pois, sur le bord supérieur. Épinglez et piquez à 1 cm du bord (ill. 2).
- Repassez la couture pour l'ouvrir puis rabattez la bande de Liberty sur l'endroit du tissu à pois. Piquez à 2 mm du bord de la bande en Liberty (ill. 3).

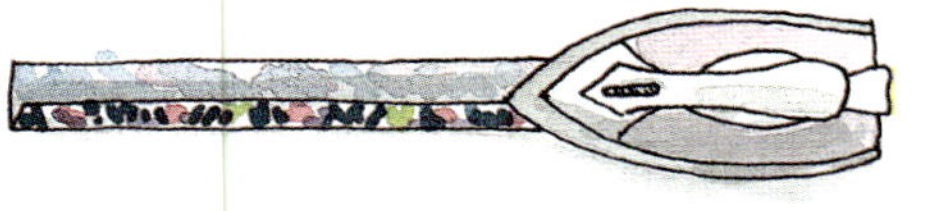

-1-

-2-

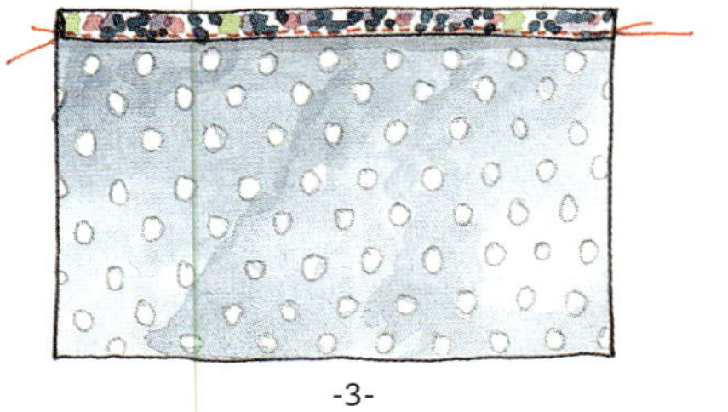

-3-

- Prenez la bande de tissu à pois de 50 cm de long et marquez au fer à repasser un double rentré de 0,5 et 1 cm. Piquez à 2 mm du bord (ill. 4).
- Sur cette même bande et sur la moins large des bandes de 35 cm, marquez des repères avec un feutre textile ou de petites encoches aux ciseaux (ill. 5).

- Posez la bande de 50 cm sur la bande de 35 cm, en alignant les bords inférieurs. Faites coïncider les repères centraux, puis épinglez et piquez les deux épaisseurs de tissu à partir de ce repère, perpendiculairement à la bordure, jusqu'en haut de la bande du dessus (vous pouvez faire préalablement un tracé au feutre textile si vous avez peur de ne pas piquer droit) (ill. 6). N'oubliez pas de faire quelques points arrière en haut de la couture pour qu'elle soit bien solide !

- Ensuite faites glisser le tissu de la bande du dessus de façon à former un tunnel, jusqu'à ce que les repères suivants coïncident. Épinglez puis piquez en ligne droite de ce repère jusqu'en haut de la bande (ill. 7).
- Faites de même pour les trois autres repères (ill. 8).
- Sur la bande du dessus, faites se rejoindre les deux repères de gauche en glissant le tissu en dessous, de façon à former un pli plat. Épinglez-le. Faites de même avec les deux repères suivants, en couchant le tissu dans le sens inverse (ill. 9).

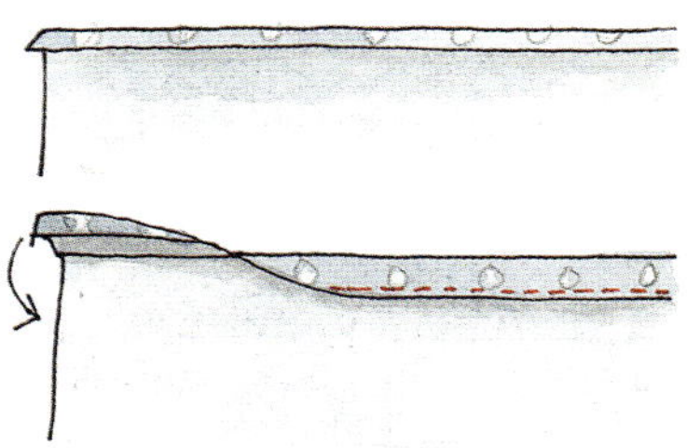

-4-

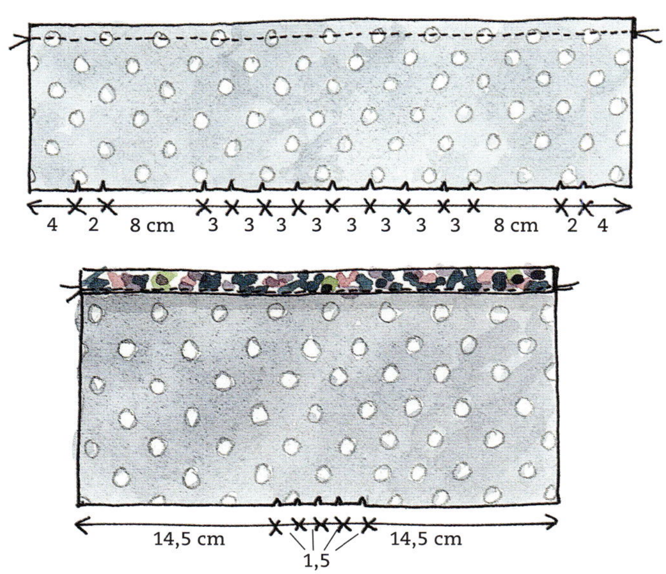

-5-

-6-

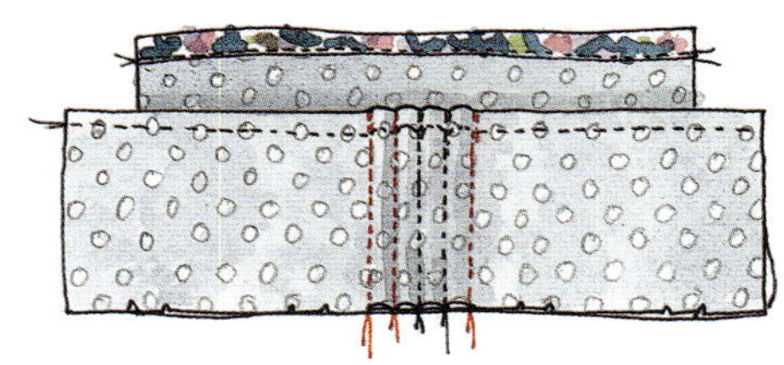

-8-

-7-

-9-

- Procédez de la même façon pour faire deux plis plats sur la droite de la bande et piquez ensemble les côtés et le bord inférieur des deux bandes, en couchant vers le centre le tissu des porte-crayons (ill. 10).
- Posez la bande ainsi obtenue sur la plus large des bandes de 35 cm, épinglez les côtés et formez des poches en piquant une ligne par dessus les coutures des porte-crayons (ill. 11).

- Posez l'ensemble sur le grand rectangle de tissu à pois, en faisant coïncider les bords inférieurs. Bâtissez les trois côtés. Posez la bande à pois de 35 cm restant de l'autre côté, bâtissez les trois côtés et formez des poches en faisant une piqûre au centre de la bande. Faites une boutonnière verticale de 2,8 cm de long entre les deux bordures (ill. 12).
- Posez la doublure en tissu étoilé endroit contre endroit sur ce rectangle, épinglez tout autour et piquez à 1 cm du bord en laissant une ouverture de 15 cm sur un des côtés (ill. 13). Crantez les angles.

- Retournez par cette ouverture, mettez le panneau en forme puis repassez bien. Refermez l'ouverture à points glissés puis faites une surpiqûre tout autour à 2 mm du bord.
- Faites des boutonnières aux endroits indiqués et cousez les boutons recouverts de Liberty face aux boutonnières, sur la doublure (ill. 14).

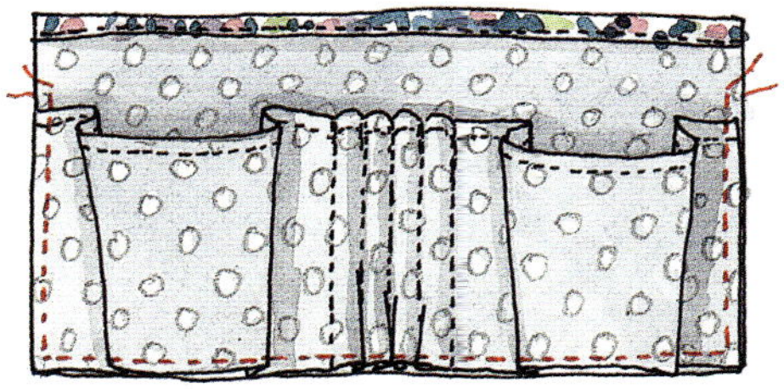

-10-

-11-

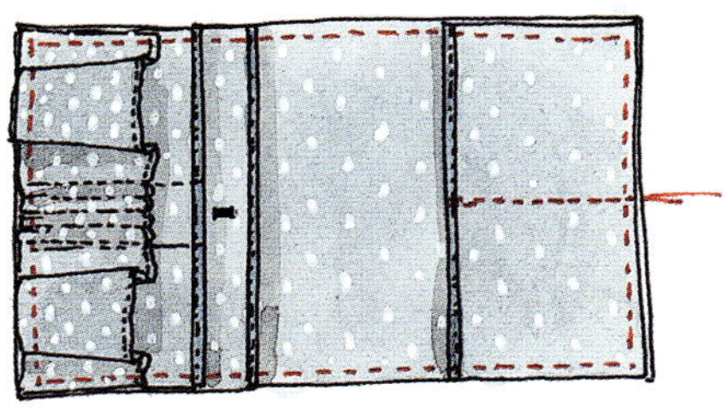

-12-

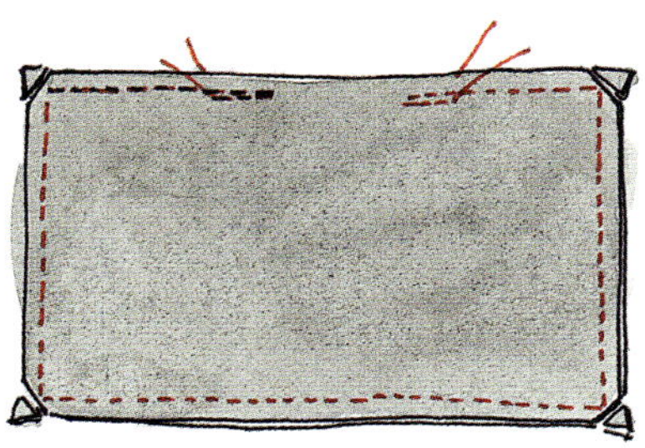

-13-

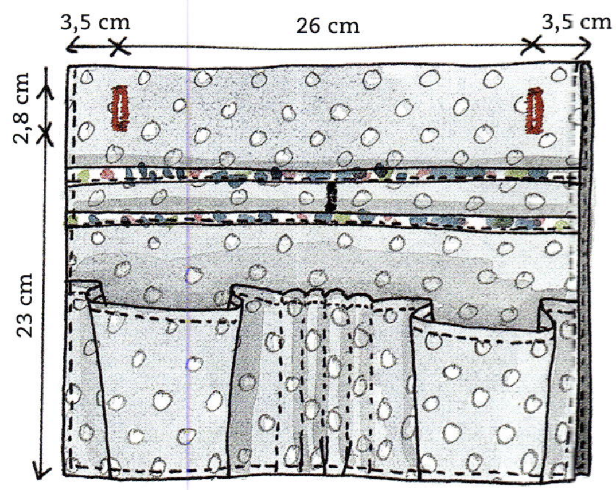

-14-

Omnigrid

Étui à lunettes

Niveau de difficulté : ☆
Techniques employées : utiliser un patron, épingler, surpiquer, entoiler, coudre en arrondi, coudre en angle, reporter un motif à broder, broder au point de piqûre.
Taille de l'étui : 18 x 9 cm

Fournitures

Lin gris : 11 x 46 cm

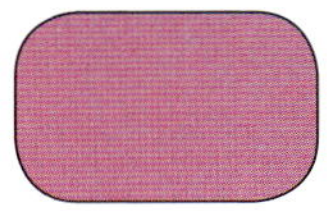

Toile de coton rose fluo : 11 x 54 cm

- molleton moyen : 11 x 46 cm
- entoilage fin : 6 x 15 cm
- coton mouliné pour la broderie

Un étui tout simple et tout léger, mais qui protège parfaitement les lunettes dans le sac à main.

Coupe

- Base de l’étui (voir patron p. 88-89) : coupez une fois dans le lin, une fois dans le coton rose et une fois dans le molleton.
- Languette : coupez un rectangle de 11 x 8 cm dans le coton rose.

Schémas de coupe

Explications

- Sur l’envers du lin, thermocollez l’entoilage à l’emplacement de la broderie (ill. 1). Cela vous permettra d’avoir un renfort pour que la broderie soit plus facile à réaliser et plus solide.
- Avec du papier carbone spécial textile, un feutre textile ou un crayon à papier bien taillé, reportez le motif à broder sur son emplacement (pour cela vous pouvez découper le dessin dans un papier cartonné et dessiner les contours sur le tissu), puis brodez au point de piqûre (voir p. 14) avec 3 brins de coton mouliné (ill. 2).
- Sur les extrémités des deux bases de l’étui, marquez au fer à repasser un rentré de 1 cm sur l’envers (ill. 3).
- Sur la base en lin, bâtissez le molleton sur l’envers, en faisant passer le rentré par dessus le molleton (ill. 4).
- Posez les deux bases endroit contre endroit, épinglez puis piquez le rabat à 1 cm du bord (ill. 5). Crantez les angles et les arrondis et retournez sur l’endroit. Mettez l’arrondi en forme avec vos doigts.
- Formez la languette en la pliant en deux, endroit contre endroit, dans le sens de la longueur et en piquant à 1 cm du bord (ill. 6).
- Retournez sur l’endroit, repassez et faites une surpiqûre décorative à 2 mm des bords (ill. 7).

-1-

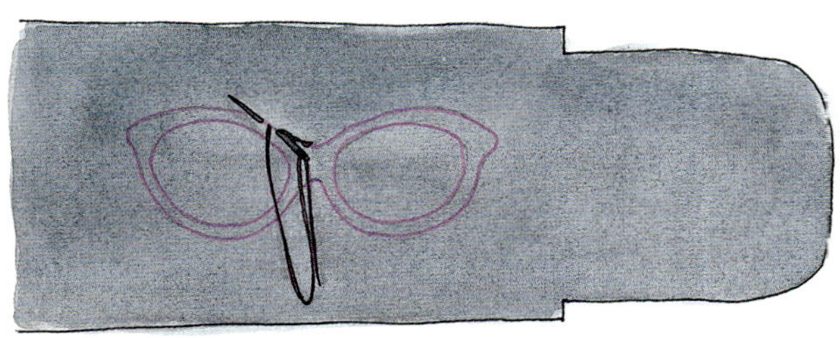

-2-

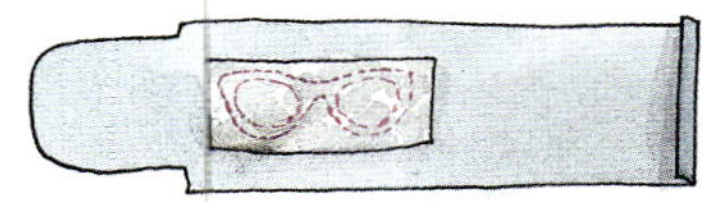

-3-

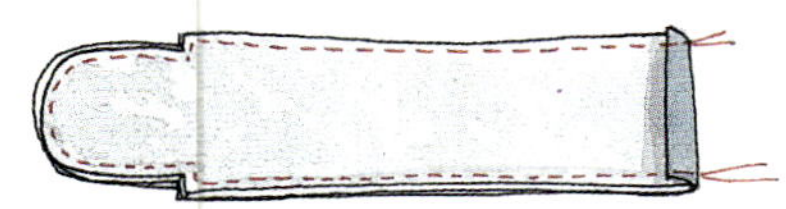

-4-

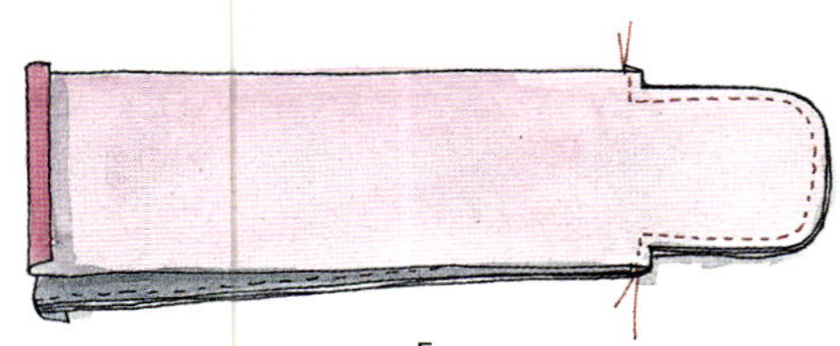

-5-

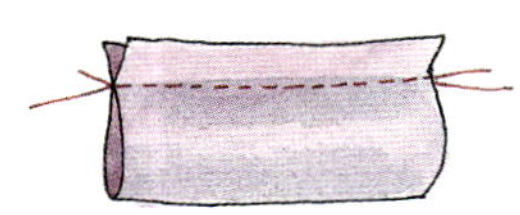

-6-

-7-

- Bâtissez la languette sur les bords de l'étui (ill. 8).
- Posez l'étui déplié devant vous puis ramenez les extrémités au niveau du rabat, endroit contre endroit, en les faisant coïncider avec la couture du rabat. Épinglez et piquez les deux côtés à 1 cm du bord (ill. 9).
- Coupez les angles puis retournez l'étui sur l'endroit, en insérant la doublure à l'intérieur. Fermez l'ouverture à points glissés. Faites une surpiqûre décorative (soit à la machine, soit à la main avec 3 brins de coton mouliné) sur le bord et le rabat (ill. 10 & 11).

-8-

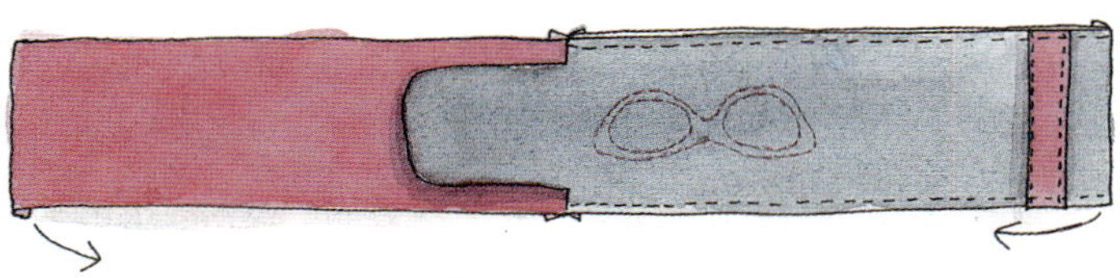

-9-

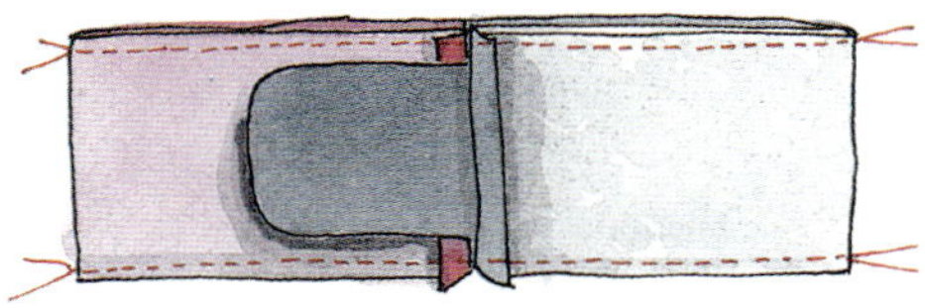

-10-

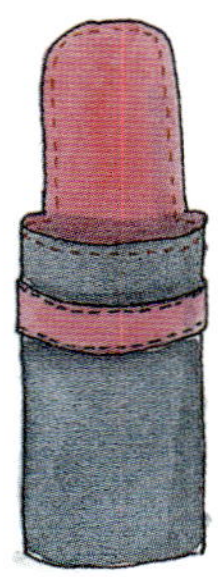

-11-

Sac plissé

Niveau de difficulté : ☆☆
Techniques employées : utiliser un patron, épingler, bâtir, surpiquer, coudre en arrondi, faire des plis couchés, fabriquer et poser un passepoil, entoiler.
Taille du sac : 42 x 37 cm

Fournitures

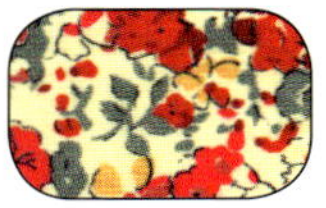 Liberty Claire Aude : 50 x 71 cm

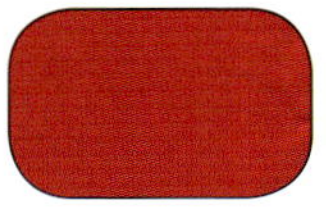 Popeline brique : 50 x 100 cm

- Entoilage fin : 50 x 71 cm
- 2 morceaux de 53 cm de ganse à passepoil de 1 cm de diamètre

Matériel complémentaire
- Pied-de-biche ganseur

Pour les beaux jours, un petit sac très féminin à décliner dans vos tissus préférés !
Si, à la place du Liberty, vous utilisez un tissu plus épais, il n'est pas nécessaire de thermocoller le tissu avec de la viseline.
Vous pouvez utiliser une mèche à passepoil plus fine ; dans ce cas adaptez la largeur du biais qui l'entoure (voir p. 25).
Vous pouvez facilement rajouter un système de fermeture, bouton ou pression, quand vous aurez fini de coudre le sac.

Coupe

- Base du sac (voir patron p. 88) : coupez deux fois dans le Liberty, deux fois dans la popeline et deux fois dans l'entoilage.
- Bande plissée (voir patron p. 88) : coupez une fois dans le Liberty, une fois dans la popeline et une fois dans l'entoilage.
- Anses : une bande de 48 x 6 cm à coupez deux fois dans le Liberty, deux fois dans la popeline et deux fois dans l'entoilage.
- Passepoil : une bande de 4,5 x 53 cm à coupez deux fois dans la popeline, dans le biais.

Schémas de coupe

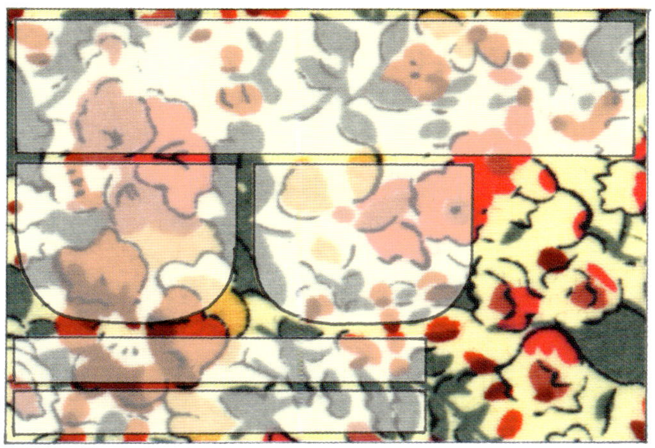

Explications

- Commencez par thermocoller l'entoilage sur l'envers de toutes les pièces de Liberty (ill. 1).
- Formez les anses en posant les bandes de popeline endroit contre endroit sur les bandes de Liberty et piquez les grands côtés à 1 cm des bords (ill. 2).
- Retournez sur l'endroit, repassez pour aplatir les coutures et faites des surpiqûre à 2 mm des bords (ill. 3).
- Pliez les anses en deux dans leur longueur, popeline vers l'intérieur, et marquez des repères à 17 cm de chaque côté, avec des épingles. Piquez entre ces deux épingles, en vous alignant sur les surpiqûres, et en faisant quelques points arrière au début et à la fin de la couture (ill. 4).

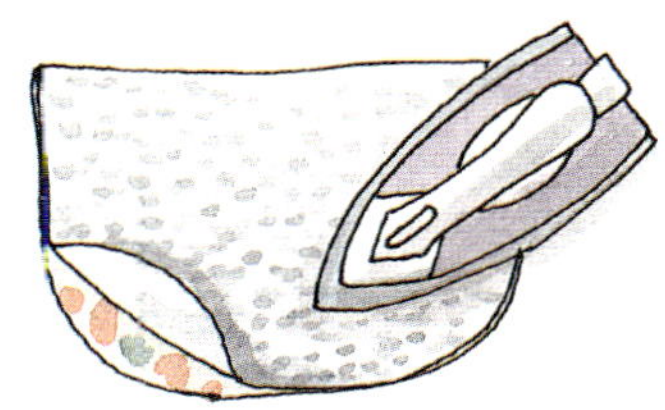

-1-

-2-

-3-

-4-

- Sur l'endroit des bandes à plisser en Liberty et en popeline, marquez les repères des plis avec un feutre textile ou de petites encoches aux ciseaux (ill. 5).
- Créez le premier pli, en commençant par la gauche. Pour cela, superposez les deux premiers repères en couchant le pli formé vers la gauche. Marquez ce pli avec une épingle, en haut et en bas de la bande (ill. 6).
- Procédez de même pour les quatre plis suivants. La technique est la même pour les plis restants, sauf que vous devez coucher le pli vers la droite de façon à obtenir une symétrie à partir du milieu de la bande (ill. 7).
- Une fois tous les plis en place, vous pouvez faire une piqûre à 1 cm de chaque bord pour les maintenir et enlever les épingles.
- Fabriquez le passepoil en vous reportant à la page 28.
- Bâtissez le passepoil autour des bases de sac en Liberty, puis cousez-le à l'aide d'un pied ganseur, en piquant à 1 cm du bord, et en crantant l'arrondi si besoin (ill. 8).
- Épinglez puis bâtissez la bande plissée par dessus le passepoil, en répartissant le tissu autour de l'arrondi puis cousez-la, toujours avec le pied ganseur (ill. 9).
- Procédez de la même façon pour coudre l'autre base de l'autre côté de la bande plissée (ill. 10).
- Répétez ces étapes pour coudre la doublure en popeline.
- Retournez le sac en Liberty sur l'endroit, épinglez les anses le long du passepoil et bâtissez-les (ill. 11).
- Glissez le sac en Liberty endroit contre endroit dans le sac en popeline, en faisant coïncider les coutures. Épinglez puis piquez tout autour à 1 cm du bord en laissant une ouverture de 10 cm sur un des côtés (ill. 12).
- Retournez le sac sur l'endroit par cette ouverture, glissez la doublure à l'intérieur, repassez bien, refermez l'ouverture à points glissés (voir p. 15) puis faites une surpiqûre tout autour à 2 mm du bord (ill. 13).

-5-

-6-

-7-

-8-

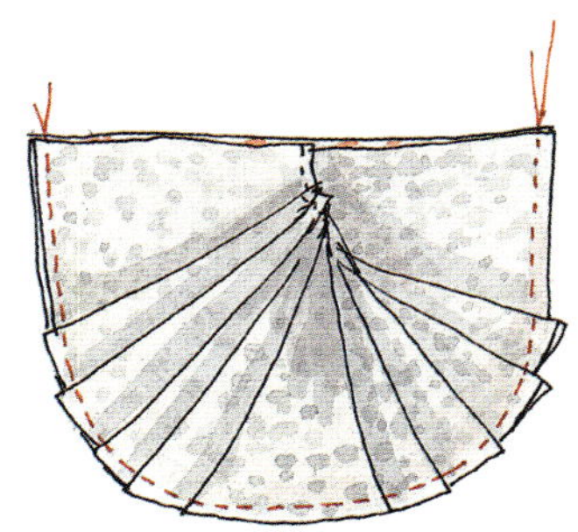
-9-

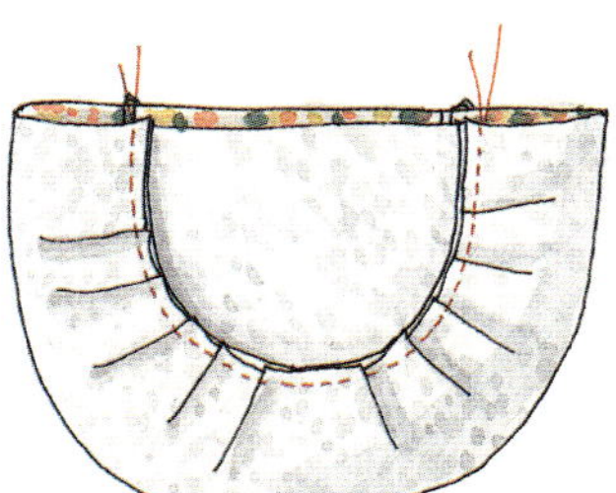
-10-

-11-

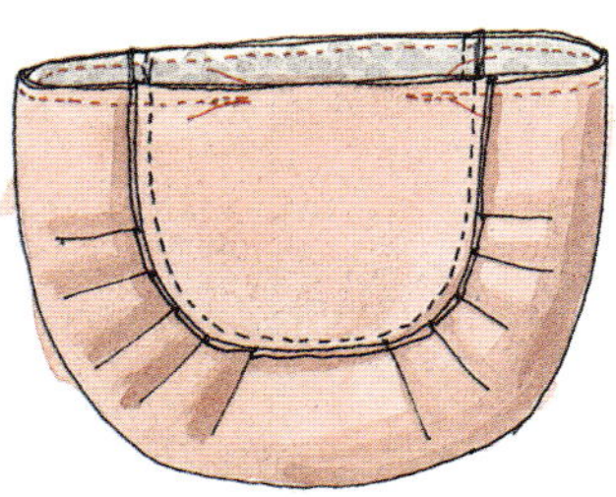
-12-

-13-

Pochette à bijoux

Niveau de difficulté : ☆☆☆

Techniques employées : utiliser un patron, épingler, surfiler, bâtir, surpiquer, coudre en arrondi, coudre en angle, poser un biais, poser une fermeture à glissière, matelasser.

Taille de la pochette : fermée = 11,5 x 21 cm et **ouverte** = 29,5 x 21 cm

Fournitures

 Liberty Droxford : 21 x 43 cm

 Liberty Emilia's flowers : 21 x 9,5 cm

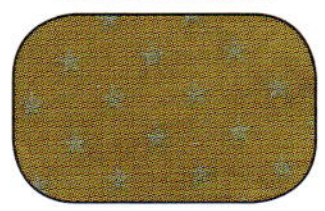 Baptiste olive étoiles argentées : 21 x 14 cm

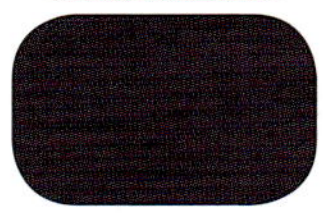 Popeline Figue : 21 x 30 cm

 Feutrine vert olive : 20 x 2,5 cm

- Molleton fin : 21 x 30 cm
- 180 cm de biais de largeur 1 cm (soit 4 cm déplié) de Liberty Emilia's flowers (vous pouvez le fabriquer vous-même, voir p. 27)
- 4 cm de bande auto-agrippante à couper en deux morceaux de 2 cm
- 1 fermeture à glissière de 20 cm
- 1 poignée de kapok

Matériel complémentaire

- 1 appareil à biais si vous fabriquez le biais vous-même
- 1 feutre textile qui s'efface à l'eau
- pied-de-biche à fermeture à glissière

Parce qu'on ne sais jamais dans quoi ranger ses bijoux quand on part en vacances, voici une pochette féminine et pratique à emmener partout.
Vous pouvez remplacer les bandes auto-agrippantes par des boutons pression ou de jolis boutons de votre choix.

Coupe

- Base de la pochette (voir patron p. 94) : coupez une fois dans le Liberty Droxford, une fois dans la popeline Figue et une fois dans le molleton.
- Arrière de la poche zippée : un rectangle de 14 x 21 cm à couper une fois dans la baptiste à étoiles.
- Avant de la poche zippée : un rectangle de 9,5 x 21 cm à couper une fois dans le Liberty Emilia's flowers.
- Support à bagues : un rectangle de 7,5 x 21 cm à couper une fois dans le Liberty Broxford.
- Support à boucles d'oreilles : un rectangle de 2,5 x 20 cm à couper une fois dans la feutrine.
- Patte d'attache : un rectangle de 7,5 x 4,5 cm à couper deux fois dans le Liberty Droxford.

Schémas de coupe

Explications

- Commencez par faire le matelassage de la base de la pochette. Pour cela, le plus simple est de dessiner les lignes de couture avec un feutre textile s'effaçant à l'eau, comme cela vous n'aurez pas de problème pour piquer droit. Prenez la base en popeline Figue et tracez les lignes de couture à l'aide d'une règle, en suivant le modèle donné sur le patron (ill. 1).
- Glissez ensuite le molleton entre la base de popeline et celle en Liberty, envers des tissus contre le molleton (ill. 2).
- Épinglez tout autour, bâtissez les quatre côtés, puis bâtissez en croix et en diagonale par rapport au centre (ill. 3). Cette étape est un peu fastidieuse mais nécessaire pour que les tissus restent bien en place.

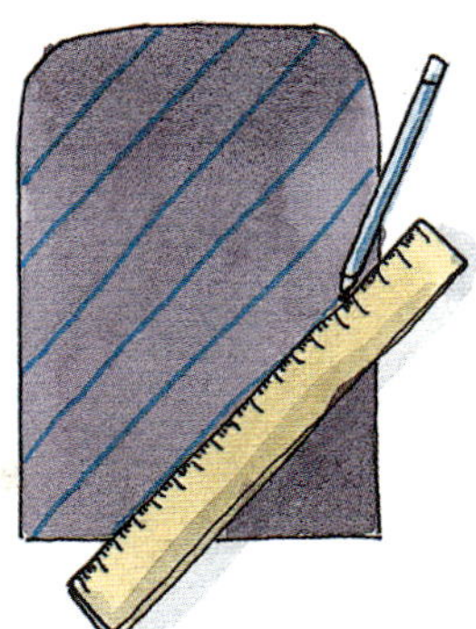

-1-

-2-

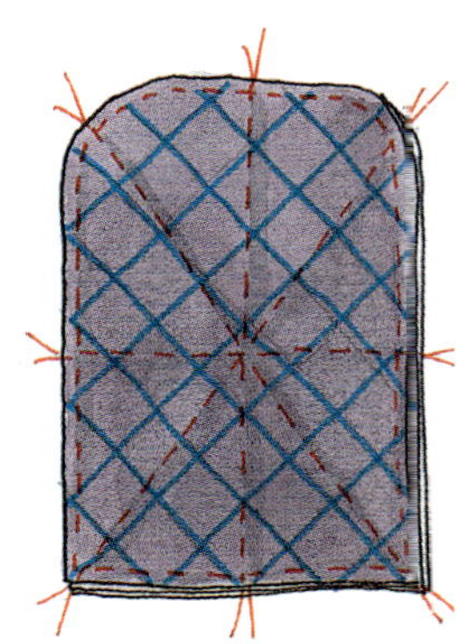

-3-

- Piquez sur les lignes de tracé avec un point droit moyen pour faire le matelassage (ill. 4).
- Enlevez les fils de bâti puis effacez les tracés au feutre en tamponnant avec un chiffon imbibé d'eau (les tracés peuvent réapparaître au séchage ; dans ce cas recommencez l'opération jusqu'à ce qu'ils disparaissent complètement). Coupez à ras tous les fils qui dépassent de l'ouvrage.
- Surfilez les grands côtés des deux pièces de tissu destinées à former la poche zippée.
- Montez la poche zippée. Pour cela, posez la fermeture à glissière endroit contre endroit sur un des grands côtés de la partie avant de la poche. Épinglez et piquez à 1 cm du bord (ill. 5). N'hésitez pas à déplacer le curseur de la fermeture à glissière s'il vous gêne (pour cela, laissez l'aiguille plantée dans le tissu, soulevez le pied-de-biche et faites glisser le curseur de la fermeture vers l'avant ou vers l'arrière).
- Procédez de la même façon pour coudre l'autre partie de la fermeture à glissière sur la baptiste à étoiles (ill. 6).
- Retournez sur l'endroit puis faire une surpiqûre à 2 mm des bords, le long de la fermeture à glissière (ill. 7).
- Pliez la poche en deux endroit contre endroit puis piquez le grand côté à 1 cm du bord (ill. 8).
- Retournez sur l'endroit, repassez puis faites une piqûre à 2 mm du bord supérieur (ill. 9).
- Confectionnez le support à bagues en pliant en deux la bande de Liberty et en piquant le grand côté à 1 cm du bord (ill. 10).
- Avec vos doigts, ouvrez et aplatissez la couture à une des extrémités puis piquez à 1 cm du bord (ill. 11). Coupez les angles.
- Retournez sur l'endroit.
- Confectionnez les pattes d'attache en pliant les rectangles sur la largeur endroit contre endroit et en piquant deux des côtés à 1 cm du bord (ill. 12).
- Coupez les angles, retournez sur l'endroit, repassez puis faites une surpiqûre tout autour (ill. 13).

-7-

-9-

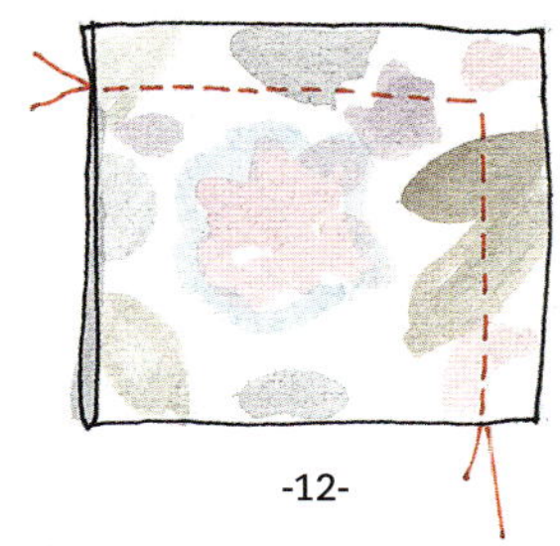
-12-

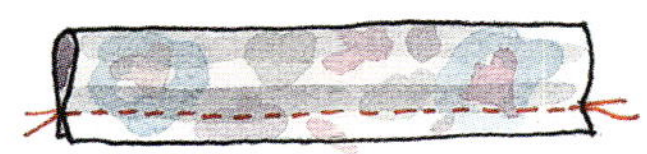
-10-

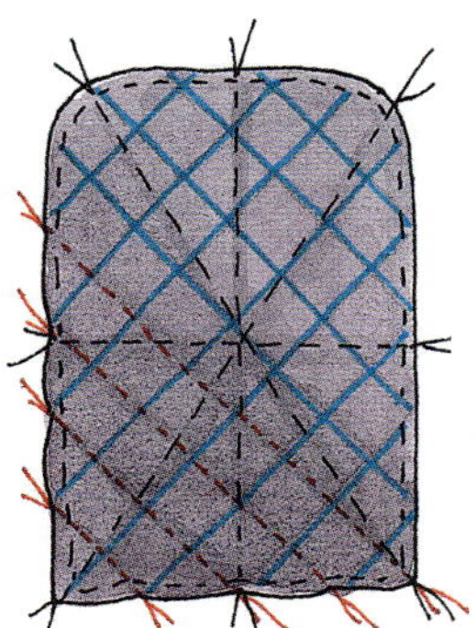
-4-

-5-

-6-

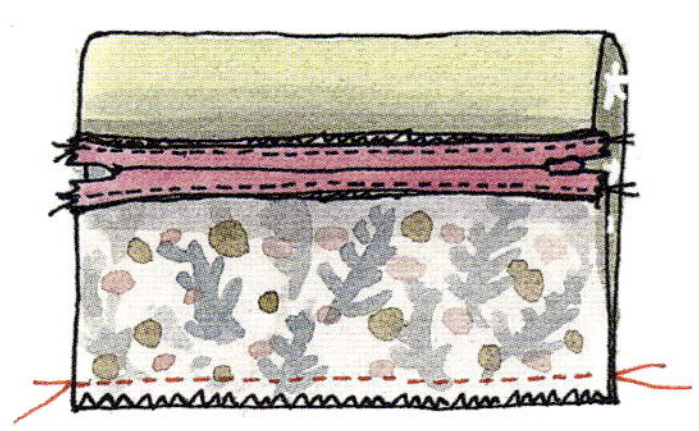
-8-

-11-

-13-

- Cousez les morceaux de bande auto-agrippante sur les pattes d'attache et les extrémités des supports à bagues et à boucles d'oreilles (ill. 14). La partie douce de la bande auto-agrippante doit être cousue sur les supports et l'autre partie sur les pattes d'attache.
- Remplissez le support à bagues de kapok (ill. 15).
- Positionnez les différents éléments aux endroits indiqués, bâtissez-les sur les côtés et piquez-le bas de la poche zippée à 2 mm du bord (ill. 16).
- Coupez 90 cm de biais. Repassez-le bien de façon à bien aplatir les plis, faites un petit rentré de 1 cm à chaque extrémité puis piquez sur toute la longueur de façon à former un ruban (ill. 17).
- Pliez-le en deux et épinglez-le au centre du rabat (ill. 18).
- Posez le biais sur le bas de la pochette. Pour cela, dépliez-le et épinglez-le sur le bord à l'intérieur de la pochette. Piquez à 1 cm du bord (ill. 19).
- Retournez le biais sur l'endroit et piquez le à 2 mm du bord (ill. 20).
- Épinglez le biais tout autour de l'intérieur de la pochette, en le faisant dépasser de 1 cm au début et à la fin Piquez à 1 cm du bord (ill. 21).
- Retournez le biais sur l'endroit, faites un rentré de 1 cm à chaque extrémité (ill. 22) et cousez tout autour à 2 mm du bord du biais. Faites attention à ce que le ruban de fermeture soit bien pris dans le biais.

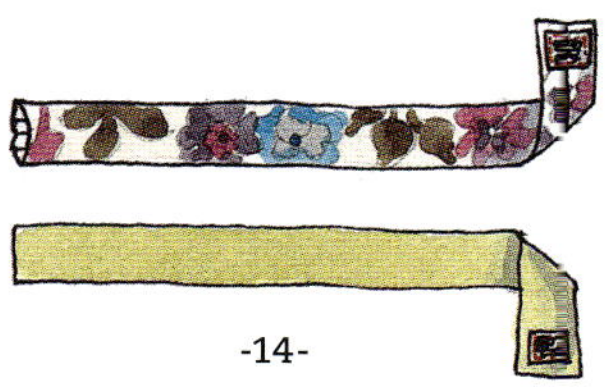
-14-

-15-

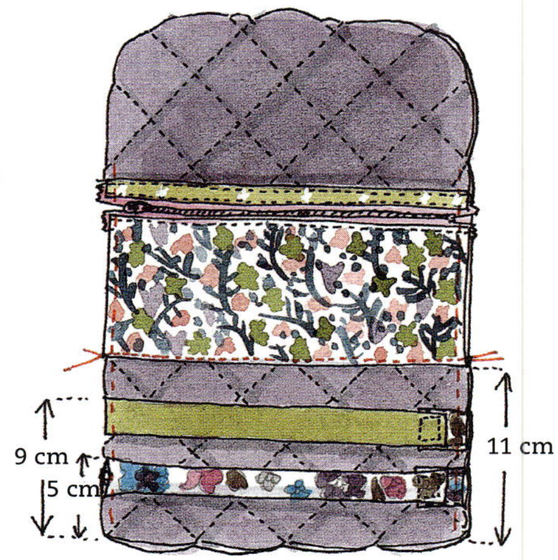

-16-

-17-

-18-

-19-

-20-

-21-

-22-

Bonnet à oreilles

Niveau de difficulté : ☆☆
Techniques employées : utiliser un patron, épingler, bâtir, coudre en angle, coudre en arrondi.

Fournitures (pour la taille 2 ans)

 Liberty Adelajda : 38 x 58 cm

 Velours mille raies gris souris : 38 x 42 cm

- Molleton fin : 38 x 42 cm

Succès garanti avec ce petit bonnet rétro !
Vous pouvez choisir de le faire avec ou sans oreilles.
Si vous le faites sans oreilles, passez directement de l'étape 3 à l'étape 8.
Pour une version plus estivale de ce bonnet, ne mettez pas de ouatine et utilisez un tissu plus léger comme du lin. La réalisation est la même (vous enlevez juste l'étape 3) ; par contre, après l'étape 9, vous pouvez repasser le bonnet en couchant les marges de couture vers les côtés et les maintenir à l'aide d'une surpiqûre. La finition sera ainsi plus jolie.

Coupe

- Côtés du bonnet (voir patron p. 90) : coupez une fois dans le velours, une fois dans le Liberty et une fois dans le molleton, puis retournez le patron sur son verso de façon à coupez chaque pièce une deuxième fois en miroir. Sur le velours, marquez les repères indiqués pour l'emplacement des oreilles et des liens, soit avec un feutre textile, soit en faisant de petites encoches avec des ciseaux.
- Dessus du bonnet (voir patron p. 90) : coupez une fois dans le velours, une fois dans le Liberty et une fois dans le molleton.
- Oreilles (voir patron p. 90) : coupez deux fois dans le velours, deux fois dans le Liberty et deux fois dans le molleton.
- Liens (voir patron p. 90) : coupez deux fois dans le Liberty.

Schémas de coupe

Explications

- Commencez par faire les liens. Pour cela, pliez-les en deux dans le sens de la longueur, endroit contre endroit, et piquez tout du long à 1 cm du bord (ill. 1). Coupez les angles puis retournez le tissu sur l'endroit, repassez bien pour aplatir la couture et faites une surpiqûre décorative à 2 mm de chaque bord (ill. 2).
- Posez chaque pièce de velours sur la pièce de molleton correspondante (endroit du velours vers vous) et bâtissez tout autour (ill. 3).
- Fabriquez les oreilles. Pour cela, posez le Liberty endroit contre endroit sur le velours, épinglez et piquez l'arrondi à 1 cm du bord, puis crantez tout autour (ill. 4).

-1-

-2-

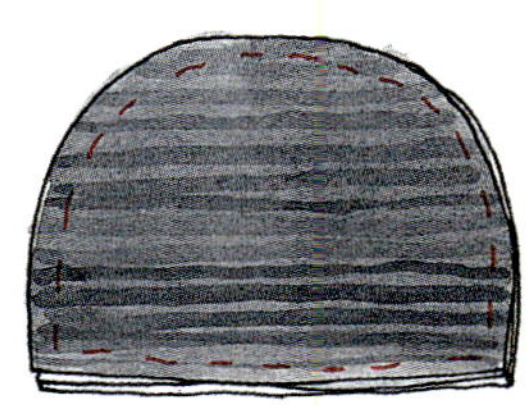

-3-

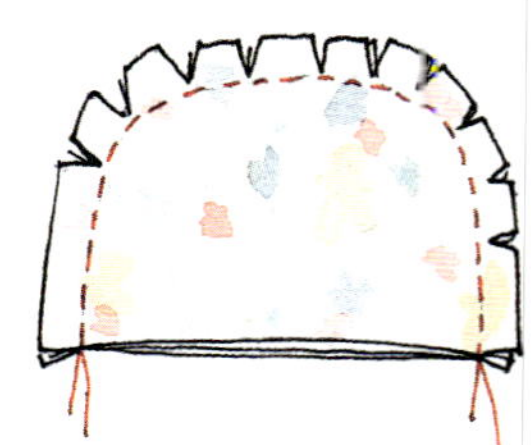

-4-

- Retournez sur l'endroit, repassez puis faites une surpiqûre à 2 mm du bord (ill. 5).
- Pliez les oreilles en deux, Liberty vers l'intérieur, puis bâtissez pour maintenir le pli (ill. 6).
- Posez les oreilles sur les côtés du bonnet en velours, pointe vers le bas, entre les deux repères, puis bâtissez à 0,5 cm du bord (ill. 7).
- Épinglez le dessus du bonnet sur un des côtés, en faisant bien attention de faire coïncider le haut du côté avec le haut du dessus, bâtissez en répartissant bien le tissu sur toute la longueur puis piquez à 1 cm du bord (ill. 8).
- Assemblez l'autre côté de la même façon (ill. 9).
- Assemblez maintenant les pièces de doublure en Liberty en procédant de la même façon.
- Bâtissez les liens sur le bonnet en velours, aux emplacements indiqués (ill. 10).
- Glissez la doublure du bonnet sur le bonnet en velours, endroit contre endroit, en faisant bien attention que les liens soient rentrés entre les deux et ne dépassent pas à l'extérieur. Épinglez en faisant bien coïncider les coutures et les arrondis puis piquez à 1 cm du bord, en laissant une ouverture de quelques centimètres sur l'arrière (ill. 11).
- Crantez les arrondis puis retournez par cette ouverture. Mettez en forme avec vos mains, puis repassez et faites une surpiqûre tout autour à 2 mm du bord (ill. 12).

-5-

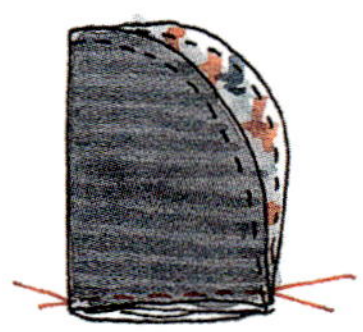
-6-

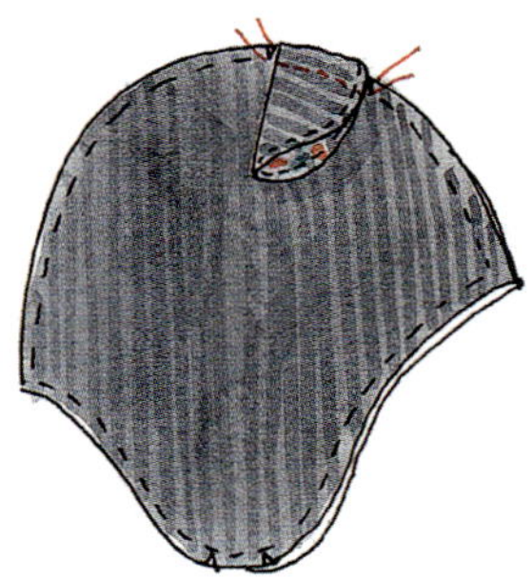
-7-

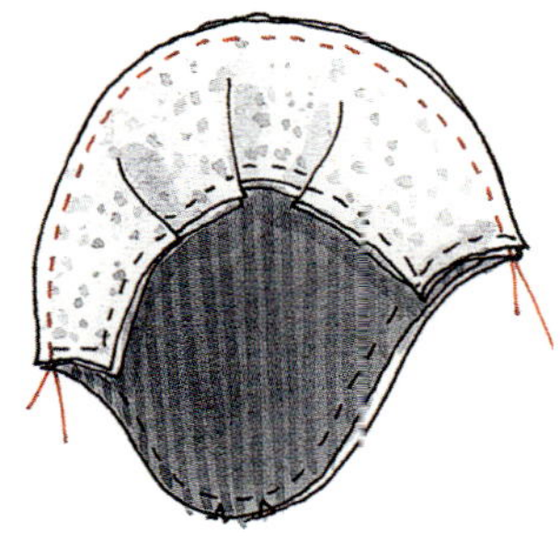
-8-

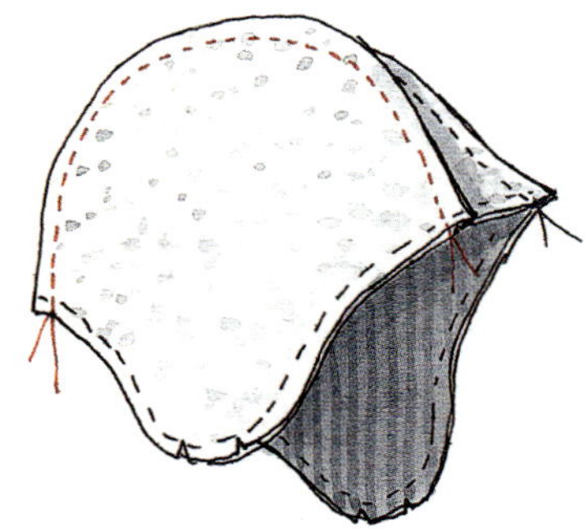
-9-

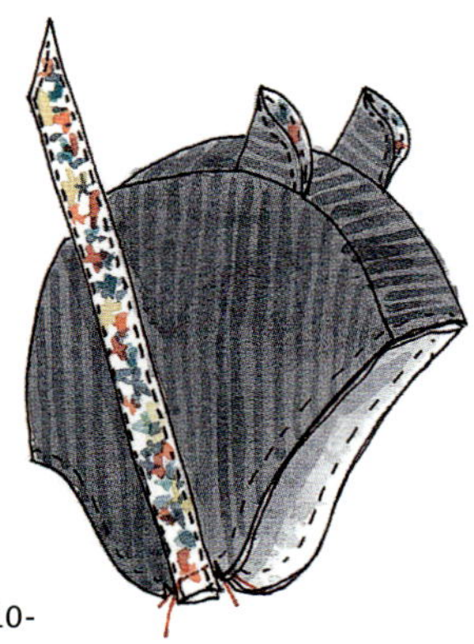
-10-

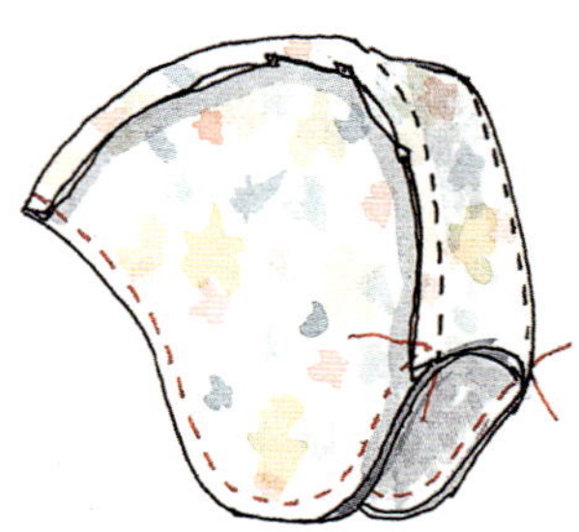
-11-

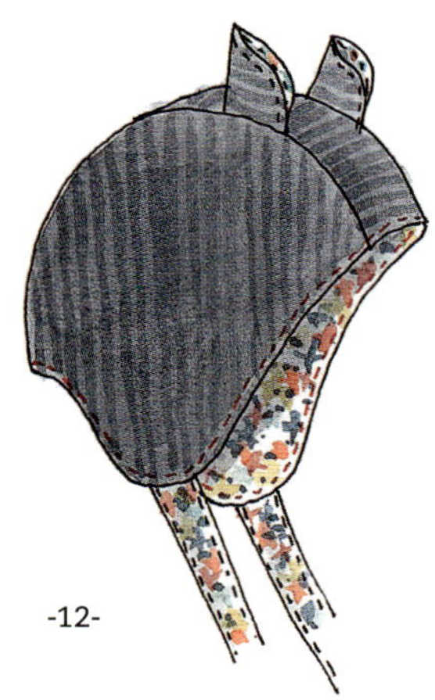
-12-

Album photos

Niveau de difficulté : ☆☆
Techniques employées : épingler, bâtir, surpiquer, coudre en angle, coudre un appliqué.
Taille de l'album : 19 x 19 cm

Fournitures

 Toile de coton imprimé « Kitty garden » : 47 x 26 cm

 Toile de coton imprimé « Ellie » : 47 x 26 cm

 Toile de coton imprimé « Étoiles moutarde » : 42 x 21 cm

 Toile de coton imprimé « Pois citrouille » : 42 x 26 cm

 Toile de coton imprimé « Vélos » : 42 x 21 cm

 Toile de coton imprimé « Bird on wheel » : 42 x 26 cm

- Molleton rigide Jeffytex : 42 x 66 cm
- Popeline blanche : à déterminer en fonction de la taille et du nombre de photos à transférer
- Coton perlé assorti
- Papier transfert
- 1 aiguille à tapisserie à bout pointu

Les petits adorent regarder les albums photos, mais ont la fâcheuse tendance de les maltraiter ! D'où l'idée de leur faire un album en tissu rien que pour eux, avec leurs photos préférées, qu'ils pourront feuilleter à loisir.
Vous pouvez remplacer le molleton rigide par du molleton normal ; l'album n'aura pas la même tenue mais il sera beaucoup plus facile à coudre lors de l'assemblage des doubles pages sur la tranche.

Coupe

- Couverture et pages de l'album : un carré de 21 x 21 cm à couper deux fois dans chaque toile de coton et un carré de 18,5 x 18,5 cm à couper six fois dans le molleton rigide.
- Tranche de l'album : un rectangle de 21 x 5 cm à couper une fois dans le coton « Kitty garden » et une fois dans le « Ellie » et un rectangle de 18,5 x 2,7 cm à couper dans le molleton rigide.
- Liens : une bande de 25 x 4,5 cm à couper dans les cotons « Ellie », « Pois citrouille », « Vélos », « Bird on wheel ».

Schémas de coupe

Explications

- Commencer par sélectionner les photos à transférer. Vous êtes totalement libre de la composition de l'album, vous pouvez choisir de mettre plusieurs petites photos sur la même page ou bien une seule grande photo. Il faut juste savoir que plus le nombre de photo sera important, et plus l'album sera long à réaliser !
- Imprimez vos photos sur le papier transfert, en lisant bien le mode d'emploi. Attention, il faut imprimer les photos en miroir. Généralement, quand vous sélectionnez « papier transfert » dans les options d'impression, l'impression en miroir est automatique. Je vous conseille quand même de faire un essai avant pour éviter de gaspiller votre papier transfert
- À l'aide d'un fer à repasser (et en suivant bien les instructions du mode d'emploi de votre papier) transférez les photos sur la popeline blanche.
- Mettez en place les pages de votre album ; nous les numéroterons de 1 à 12, 1 étant la couverture et 12 la quatrième de couverture. Voici l'ordre des tissus pour le modèle proposé : page 1 en coton « Kitty garden », page 2 en coton « Ellie », pages 3 et 4 en « Étoiles moutarde », pages 5 et 6 en « Vélos », pages 7 et 8 en « Pois citrouille », pages 9 et 10 en « Bird on wheel », page 11 en « Ellie » et page 12 en « Kitty garden ».

- Découpez le contour des photos puis faites votre composition sur les pages de l'album. Épinglez les photos et cousez-les avec un point zigzag, un point droit ou un point fantaisie si votre machine le permet (ill. 1). Avec les chutes de tissu, vous pouvez découper des étoiles, des nuages ou des encadrements pour décorer vos pages (prenez soin de thermocoller le tissu avant, le résultat sera meilleur).
- Assemblez la page de couverture (page 1) avec la tranche extérieure de l'album, endroit contre endroit, en piquant à 1 cm du bord (ill. 2).
- Assemblez la page 12 à l'autre côté de la tranche (ill. 3).
- Repassez pour aplatir les coutures, en faisant bien attention à ce que le fer à repasser ne touche pas le transfert.
- De la même façon, assemblez les pages 2 et 11 avec la tranche intérieure de l'album, en laissant une ouverture de 15 cm sur une des coutures (ill. 4).
- Formez les liens en superposant deux bandes de tissu endroit contre endroit et en piquant à 1 cm du bord sur trois côtés (ill. 5).
- Coupez les angles, retournez sur l'endroit puis repassez bien. Faites une surpiqûre décorative à 2 mm des bords (ill. 6).
- Bâtissez les extrémités des liens sur les pages extérieures de l'album (ill. 7).
- Posez les pages de couverture endroit contre endroit sur les pages intérieures, épinglez en faisant coïncider les coutures puis piquez tout autour à 1 cm du bord (ill. 8).
- Coupez les angles, retournez sur l'endroit par l'ouverture laissée à l'étape 4, et repassez.
- Insérez les deux carrés de molleton rigide pour rigidifier les pages et un rectangle pour la tranche (ill. 9).

-1-

-2-

-3-

-4-

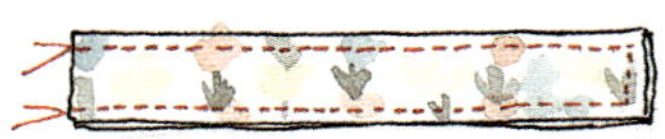
-5-

-6-

-7-

-8-

-9-

- Fermez l'ouverture à points invisibles, puis faites une piqûre le long des deux coutures, pour que le molleton rigide ne puisse pas bouger (ill. 10).
- Assemblez maintenant les pages intérieures de l'album deux par deux en les posant endroit contre endroit et en piquant à 1 cm du bord. Respectez l'ordre des pages du schéma et laissez une ouverture de 15 cm sur certaines coutures (ill. 11).
- Repassez les coutures pour les aplatir puis posez les pages 6 et 3 sur les pages 4 et 5, épinglez puis piquez tout autour à 1 cm du bord (ill. 12).
- Procédez de même pour assembler les deux autres doubles pages.
- Insérez un carré de molleton rigide dans chaque page par les ouvertures laissées, puis fermez-les à points glissés.
- Posez la première double page sur la couverture intérieure, en laissant un décalage d'un centimètre sur la gauche. Enfilez le coton perlé sur votre aiguille à tapisserie, faites un solide nœud au bout puis commencez à coudre la double page sur la tranche en faisant un point avant sur la couture centrale (ill. 13).

Attention, le molleton Jeffytex est une matière très rigide et assez difficile à traverser, donc allez y lentement, en faisant de grands points et en ressortant l'aiguille complètement de chaque côté.

- Cousez de la même façon la deuxième double page, en la décalant d'un centimètre sur la droite (ill. 14).

-10-

-11-

-12-

-13-

-14-

LE BOURGET
BOURGET

Sac à dos

Niveau de difficulté : ☆☆☆
Techniques employées : utiliser un patron, épingler, bâtir, surpiquer, coudre en arrondi, poser un biais, broder une boutonnière, coudre un bouton.
Taille du sac : 28 x 28 cm

Fournitures

 Liberty Betsy turquoise : 6 x 27 cm

 Lin vert de gris : 60 x 80 cm

 Baptiste olive étoiles argentées : 60 x 55 cm

- 55 cm de biais de largeur 1 cm (soit 4 cm déplié) de Liberty Betsy turquoise (vous pouvez le fabriquer vous-même, voir page 27)
- 80 cm d'élastique de largeur 1 cm
- 1 bouton à recouvrir de diamètre 2,5 cm

Matériel complémentaire
- une épingle à nourrice
- une jeannette

Un petit sac chic et pratique pour les enfants. Il y a deux façons de le fermer : soit en faisant des plis creux sur les côtés au niveau des liens, soit en laissant les côtés libres.
Si vous cousez ce sac pour un enfant tout petit, vous pouvez remplacer le bouton par 5 cm de bande auto-agrippante, cela sera beaucoup plus facile à utiliser pour lui !

Coupe

- Base du sac à dos (voir patron p. 93) : après avoir reconstitué le patron sur du papier de soie en vous aidant du schéma, coupez-le une fois dans le lin et une fois dans la baptiste. Sur le lin, marquez les repères indiqués, soit avec un feutre textile, soit en faisant de petits encoches avec des ciseaux.
- Bretelles : coupez deux rectangles de 50 x 9 cm dans le lin.
- Poignée (voir patron p. 93) : coupez une fois dans le lin et une fois dans le Liberty.
- Rabat (voir patron p. 93) : coupez en double sur la pliure, une fois dans le lin et une fois dans la baptiste.
- Liens : coupez quatre bandes de 21 x 3,5 cm dans la baptiste.

Schémas de coupe

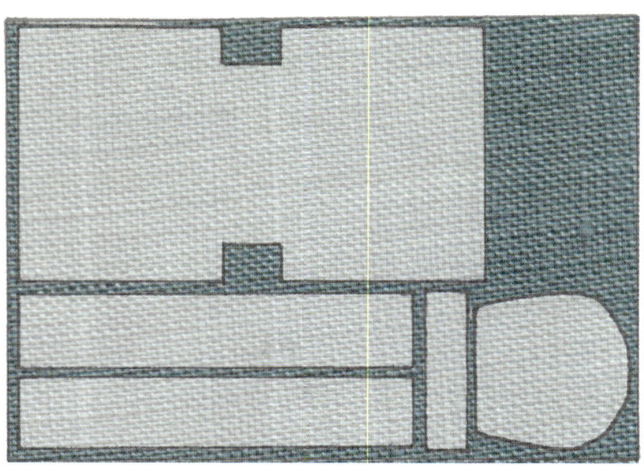

Schéma pour reconstituer le patron de la base du sac

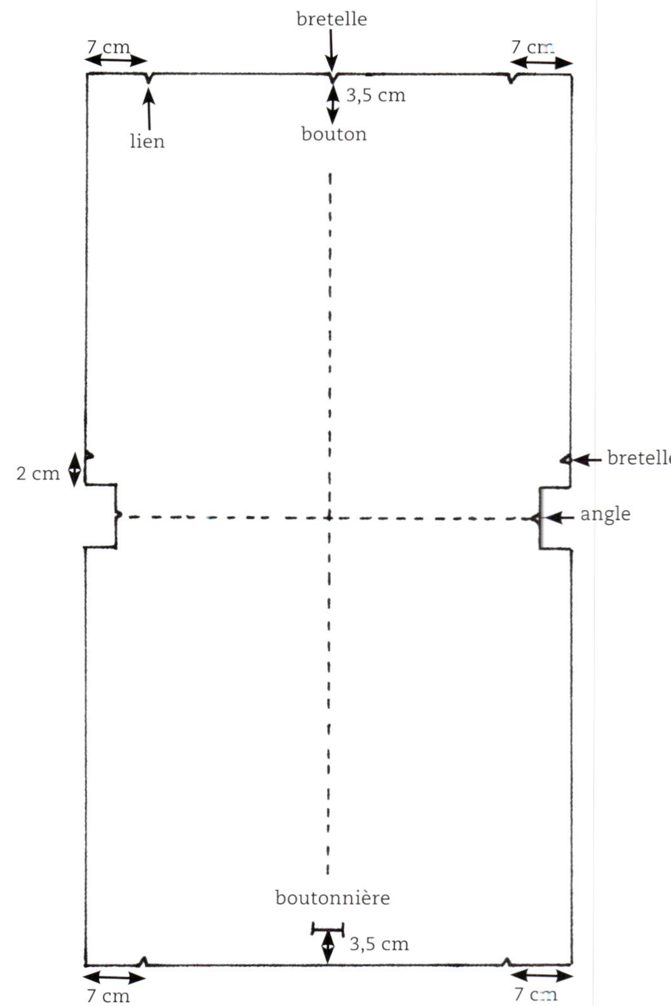

Explications

- Commencez par faire les bretelles. Pour cela, prenez un des rectangles de lin, pliez le en deux dans le sens de la longueur, endroit contre endroit, et piquez tout du long à 1 cm du bord (ill. 1). Retournez ensuite le tissu sur l'endroit, repassez bien pour aplatir la couture et faites une surpiqûre décorative à 2 mm de chaque bord (ill. 2).
- Coupez l'élastique en deux de façon à obtenir deux morceaux de 40 cm. Piquez l'épingle à nourrice dans l'une des extrémités de l'élastique, puis insérez-la dans la bretelle (ill. 3).

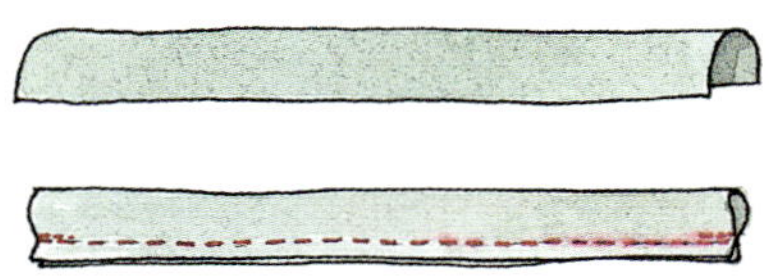

-1-

-2-

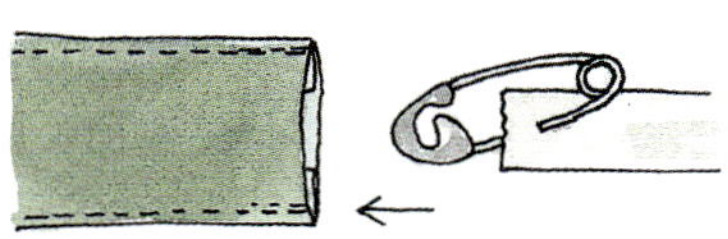

-3-

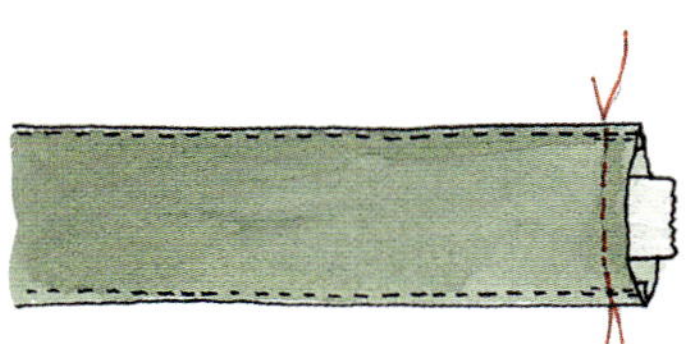

-4-

- Faites glissez l'épingle à nourrice dans la bretelle, jusqu'à ce que l'autre extrémité de l'élastique ne dépasse plus que de quelques millimètres de la bretelle ; à ce moment là, piquez à la machine pour le maintenir (ill. 4).
- Continuez à faire avancer l'épingle jusqu'à ce qu'elle ressorte, en faisant bien attention que l'élastique ne tourne pas sur lui même. Faites à nouveau quelques points à la machine pour maintenir l'élastique (ill. 5). Enlevez l'épingle à nourrice. Procédez de même pour faire la deuxième bretelle.
- Formez la poignée en posant les pièces de lin et le Liberty endroit contre endroit et en piquant les deux grands côtés à 1 cm du bord (ill. 6).

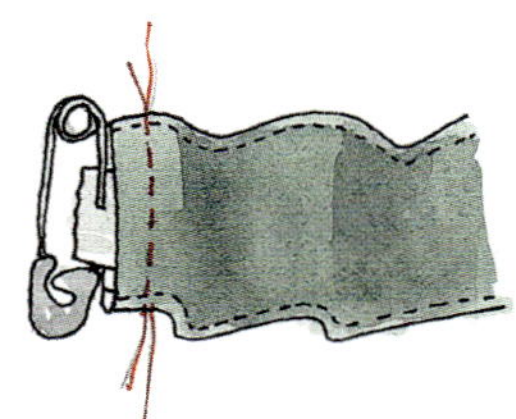

-5-

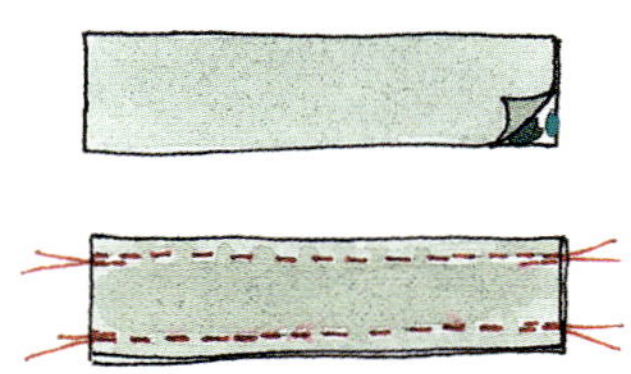

-6-

- Retournez sur l'endroit, repassez et faites une surpiqûre décorative à 2 mm de chaque bord (ill. 7).
- Pliez la poignée en deux dans sa longueur, Liberty vers l'intérieur, et marquez des repères à 7 cm de chaque côté, avec des épingles. Piquez entre ces deux épingles, en vous alignant sur les surpiqûres, et en faisant quelques points arrière au début et à la fin de la couture (ill. 8).
- Formez les liens en marquant les plis avec votre fer à repasser. Marquez d'abord un premier pli en rabattant 1 cm de tissu à une des extrémités, puis rabattez 1 cm de chaque côté sur toute la longueur. Pour finir, pliez en deux pour former un ruban. Piquez sur toute la longueur, à 2 mm du bord (ill. 9).

-7-

-8-

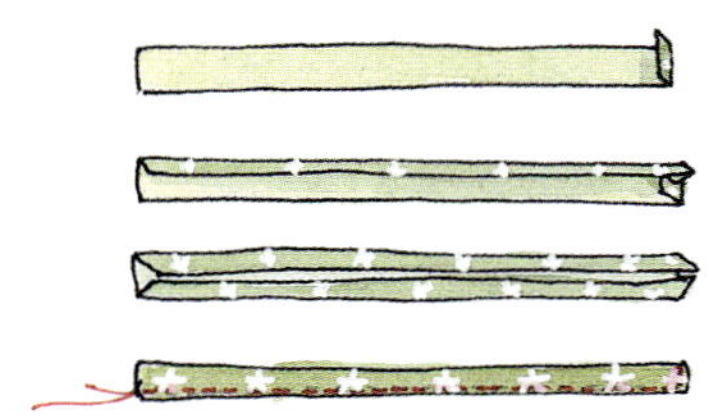

-9-

- Formez le rabat en posant la pièce en lin et celle en baptiste envers contre envers et en bâtissant à 0,5 cm du bord (ill. 10).
- Posez le biais. Pour cela dépliez-le, posez-le endroit contre endroit sur le bord du rabat, côté baptiste, et cousez-le à la main tout autour du rabat à 1 cm du bord (ce qui doit tomber sur le premier pli du biais) (ill. 11).
- Retournez le biais sur l'endroit du rabat, et piquez-le à la machine tout autour à 1 mm du bord (ill. 12).
- Prenez la base en lin du sac à dos, endroit vers vous, puis épinglez les bretelles de part et d'autre du repère central «bretelle». Épinglez également la poignée de chaque côté des bretelles, puis piquez l'ensemble à 0,5 cm du bord (ill. 13).
- Épinglez le rabat par dessus (le centre du rabat doit coïncider avec celui du sac), puis les liens, et enfin les autres extrémités des bretelles aux endroits indiqués (ill. 14). Piquez à 0,5 cm du bord.
- Pliez le sac en deux, endroit contre endroit, et piquez les grands côtés à 1 cm du bord (ill. 15).
- Procédez de même pour la doublure en baptiste, en laissant une ouverture de 10 cm (consolidée par des points arrière) sur un des côtés (ill. 16).
- À l'aide d'une jeannette (ou a défaut d'une serviette roulée sur elle même), repassez les coutures pour les aplatir (ill. 17).
- Formez les angles en faisant coïncider (endroit contre endroit) la couture de côté avec le repère couture. Épinglez puis piquez à 1 cm du bord (ill. 18).

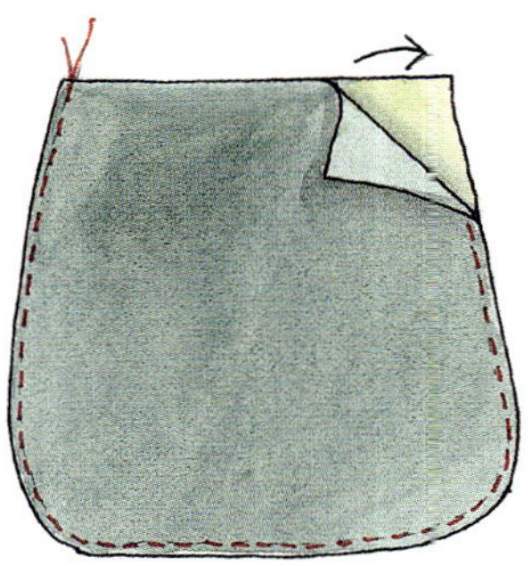
-10-

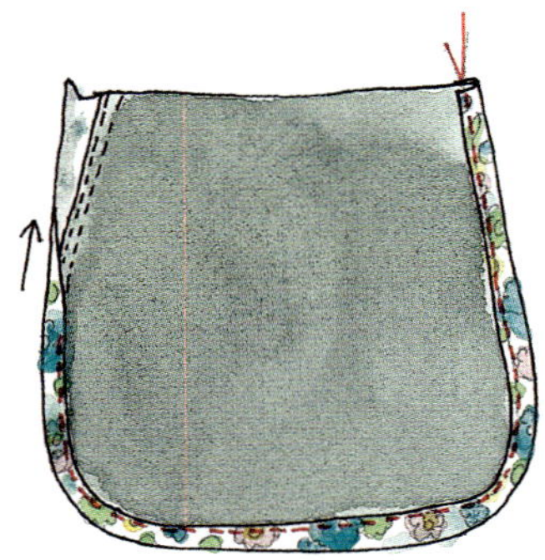
-12-

-15-

-11-

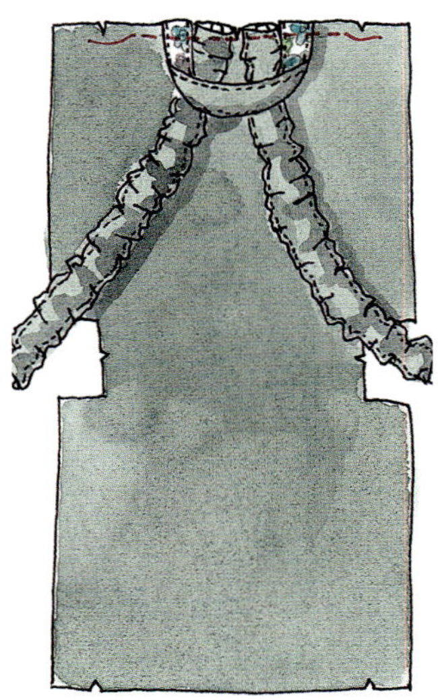
-13-

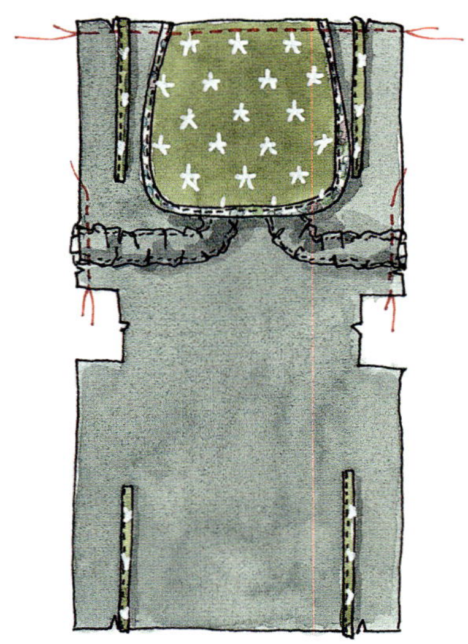
-14-

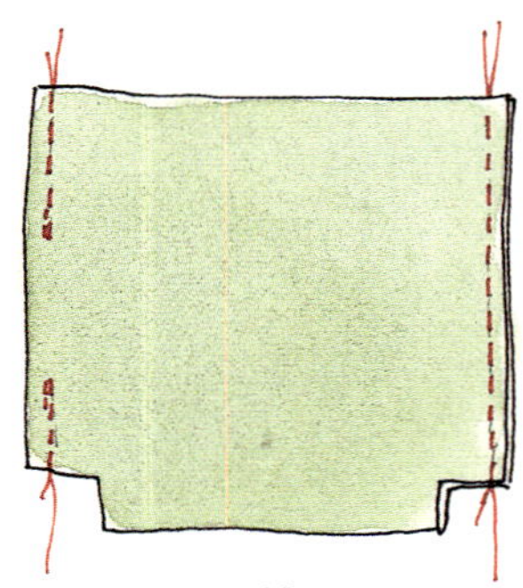
-16-

- Retournez le sac en lin sur l'endroit. Glissez-le à l'intérieur du sac en baptiste (endroit contre endroit) (ill. 19) et piquez tout autour à 1 cm du bord (ill. 20).
- Retournez l'ensemble sur l'endroit en passant par l'ouverture laissée précédemment, et refermez cette ouverture à points invisibles. Rentrez la doublure dans le sac.
- Repassez bien pour aplatir les coutures. Faites une piqûre décorative tout autour à 2 mm du bord (ill. 21).
- Marquez l'emplacement de la boutonnière avec une craie ou un feutre textile, puis cousez la boutonnière à la machine (attention, je vous conseille de faire quelques essais préalables sur des chutes de tissu pour être sûre de réussir à positionner parfaitement votre boutonnière).
- Recouvrez le bouton (en suivant le mode d'emploi fourni avec le paquet de boutons à recouvrir) puis cousez-le à l'emplacement indiqué (ill. 22).

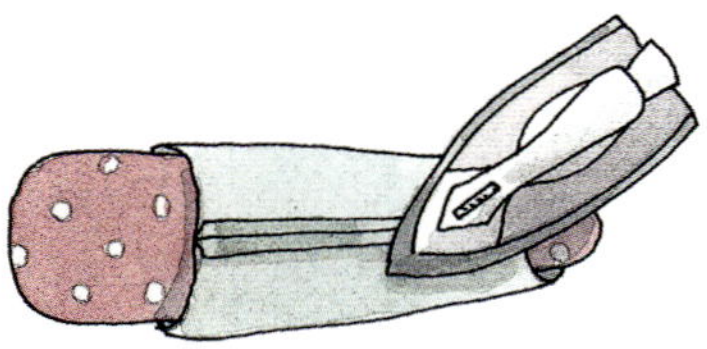

-17-

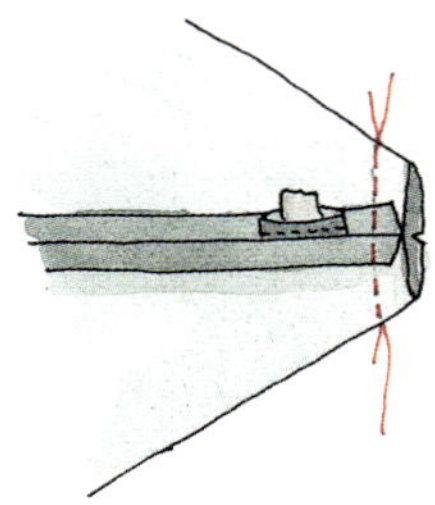

-18-

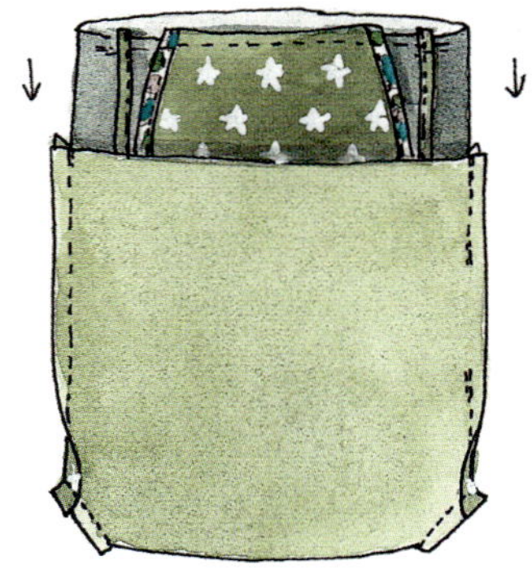

-19-

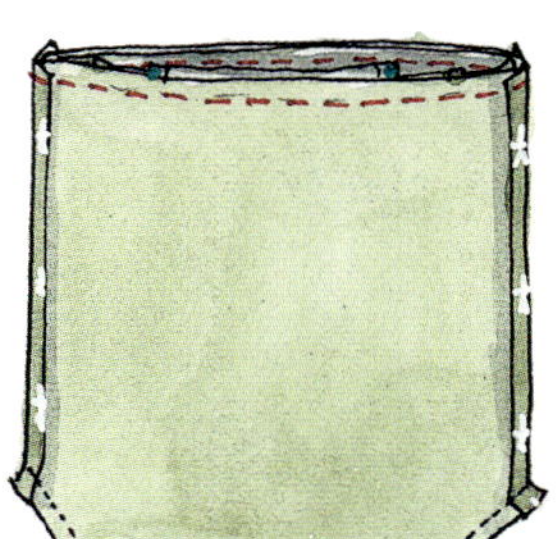

-20-

-21-

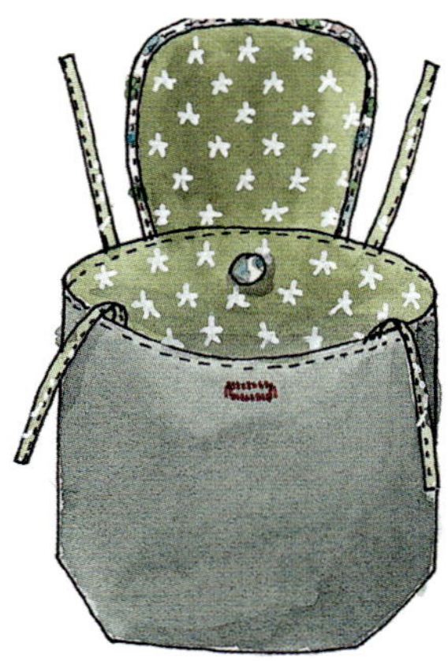

-22-

Sac à chaussures

Niveau de difficulté : ☆
Techniques employées : épingler, surfiler, faire des coutures anglaises, surpiquer.
Taille du sac : 32 x 38 cm pour le petit modèle et 39 x 44 cm pour le grand modèle.

Fournitures

Lin chocolat ou naturel : 78 x 35 cm pour le petit modèle ou 90 x 42 cm pour le grand

Popeline imprimée : 80 x 20 cm pour le petit modèle ou 92 x 20 cm pour le grand

Matériel complémentaire

- une épingle à nourrice
- une jeannette

De jolies pochettes en lin, pour que votre homme ne mette plus ses affaires dans des sacs en plastique quand il prépare sa valise !

Coupe

- Base du sac : coupez un rectangle de 78 x 35 cm (ou 90 x 42 cm pour le grand modèle) dans le lin.
- Coulisses : coupez deux bandes de 7 x 34 cm dans la popeline (ou 7 x 41 cm pour le grand modèle).
- Liens : coupez deux bandes de 5 x 80 cm dans la popeline (ou 5 x 92 cm pour le grand modèle).

Schémas de coupe

Explications

- Pliez le rectangle de lin envers contre envers, dans le sens de la largeur. Épinglez et piquez les grands côtés à 0,5 cm du bord (ill. 1).
- Ouvrez la couture avec le fer à repasser (utilisez la jeannette pour plus de facilité) (ill. 2).
- Retournez l'ouvrage sur l'envers du tissu, repassez à nouveau pour bien marquer les plis de couture.
- Épinglez et piquez les deux côtés à 1 cm des bords (ill. 3). Repassez bien en couchant les coutures d'un côté. Vous venez de réaliser des coutures anglaises.

-1-

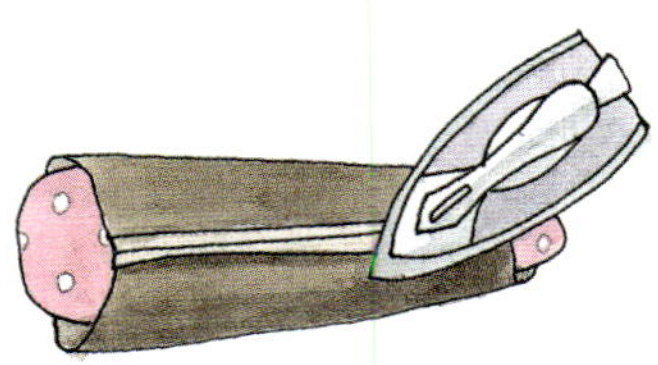

-2-

-3-

- Prenez les rectangles de tissu destinés aux coulisses. Surfilez les petits côtés et le grand côté inférieur. Avec le fer à repasser, marquez un rentré de 1 cm sur le grand côté inférieur (ill. 4). Marquez ensuite un rentré de 1 cm sur chaque petit côté, en repliant les angles. Piquez les deux petits côtés à 0,5 cm du bord (ill. 5).
- Posez ces bandes sur le sac, endroit de la popeline contre envers du lin, épinglez et piquez à 1 cm du bord (en prenant les coutures anglaises dans la couture) (ill. 6). Surfilez le bord en prenant les deux épaisseurs de tissu ensemble.
- Retournez le sac sur l'endroit, rabattez les bandes de popeline et repassez l'ensemble. Piquez en bas de la coulisse tout autour du sac à 2 mm du bord (ill. 7).
- Fabriquez les liens. Pour cela, prenez les bandes de popeline, marquez au fer à repasser un rentré de 1 cm à chaque extrémité, puis un rentré de 1 cm sur chaque longueur, pliez le lien en deux sur toute sa longueur et piquez l'ensemble à 2 mm du bord (ill. 8).
- Passez le premier lien dans la coulisse en lui faisant faire tout le tour du sac, à l'aide d'une épingle à nourrice (ill. 9). Faites un nœud à l'extrémité puis passez l'autre lien de la même façon mais en le faisant entrer et sortir de l'autre côté. Faites un nœud à l'extrémité.
- Pour fermer le sac, il suffit de tirer simultanément sur les deux nœuds.

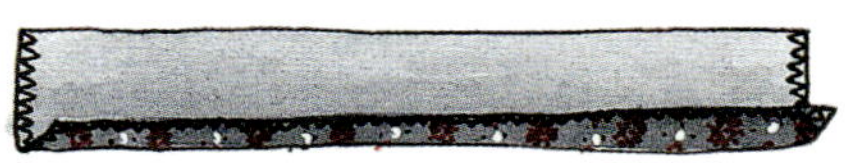
-4-

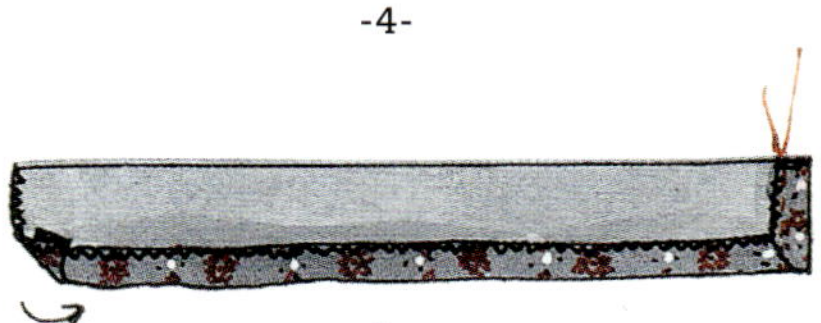
-5-

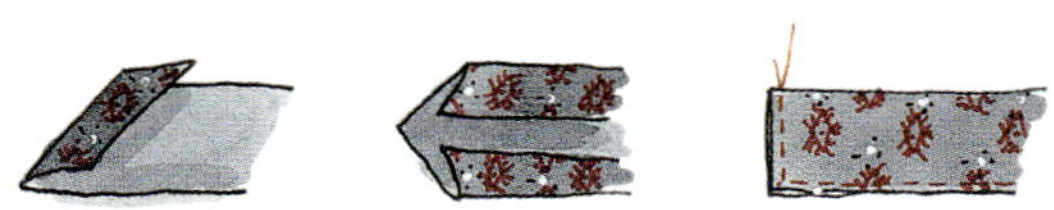
-8-

-6-

-7-

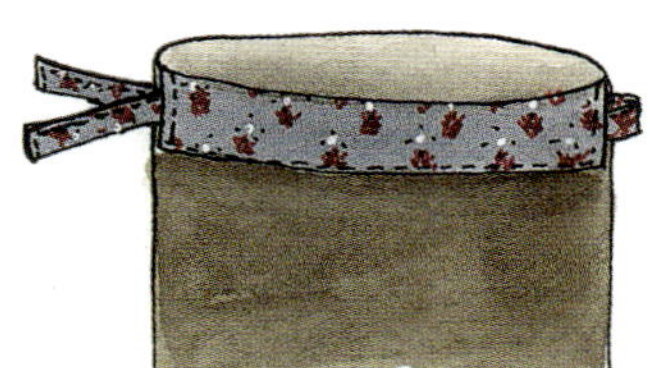
-9-

Portefeuille

Niveau de difficulté : ☆ ☆
Techniques employées : épingler, surfiler, surpiquer, coudre en angle, coudre du cuir.
Taille du portefeuille fermé : 9,5 x 12 cm

Fournitures

 Cuir ou simili-cuir assez souple : 14,5 x 21,5 cm

 Velours mille raies grège : 12,5 x 13,5 cm

 Popeline gris souris : 30 x 46 cm

 Plastique transparent : 11 x 13,5 cm

Matériel complémentaire
- pied en téflon
- aiguilles spécial cuir

Un portefeuille tout simple, mais avec beaucoup de compartiments, une bonne idée de cadeau pour les hommes de votre entourage.
Si vous avez peur de vous lancer dans la couture du cuir, vous pouvez bien sûr réaliser le portefeuille dans une autre matière, de préférence assez rigide (jean, coton épais, velours, etc).

Dinard vous offre tous les jours
minutes de stationnement
20

Coupe

- Base du portefeuille : un rectangle de 14,5 x 21,5 cm, à couper une fois dans le cuir et une fois dans la popeline.
- Doublure du compartiment à billets : un rectangle de 13,5 x 21,5 cm à couper une fois dans la popeline.
- Base de la poche plastifiée : un rectangle de 13,5 x 12,5 cm à couper une fois dans le velours.
- Poche plastifiée : un rectangle de 13,5 x 11 cm à couper une fois dans le plastique.
- Base du compartiment à cartes : un rectangle de 13,5 x 11 cm à couper une fois dans la popeline.
- Compartiments à carte n° 1, 2 et 3 : un rectangle de 8,5 x 11 cm à couper trois fois dans la popeline.
- Compartiment à carte n° 4 : un rectangle de 10,3 x 11 cm à couper une fois dans la popeline.

Schémas de coupe

Schéma de placement des compartiments du porte-cartes

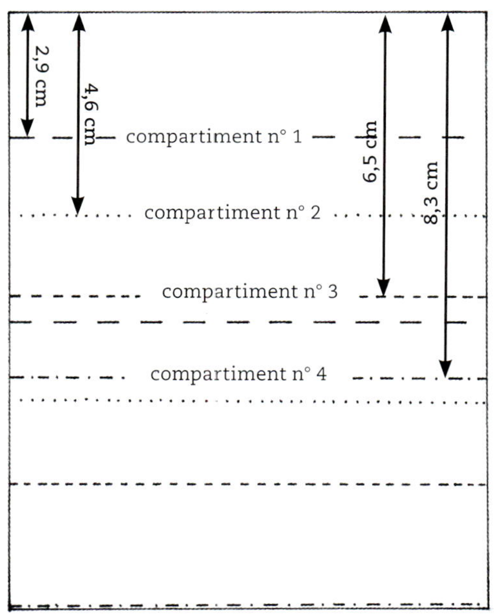

Explications

- Prenez les rectangles de popeline destinés aux quatre compartiments du porte-cartes. Pliez-les en deux envers contre envers dans le sens de la longueur et aplatissez les plis au fer à repasser (ill. 1).
- Surfilez les bords des quatre compartiments avec un point zigzag, en prenant les deux épaisseurs de tissu ensemble (ill. 2).

-1-

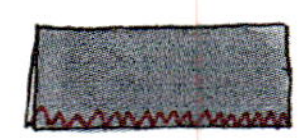

-2-

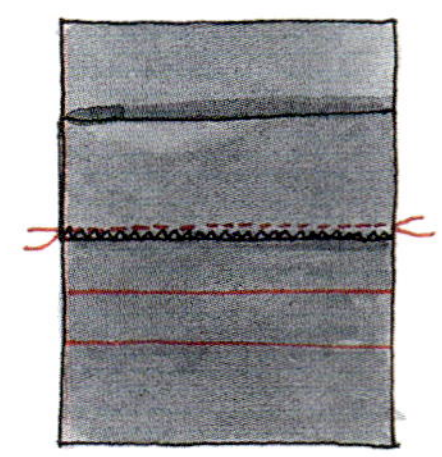

-3-

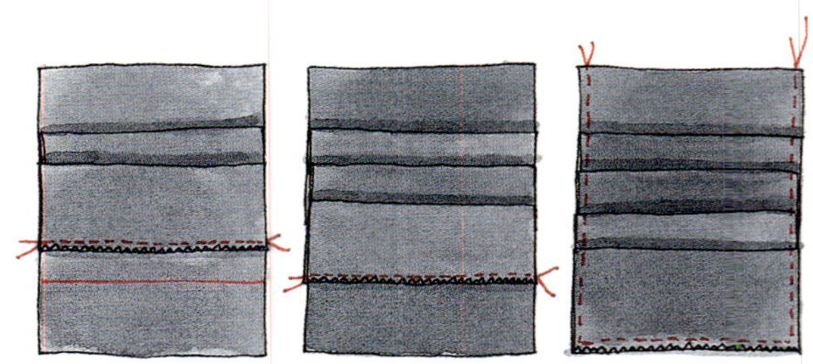

-4-

- Sur le rectangle de base du compartiment à cartes, marquez avec un feutre textile l'emplacement des compartiments en vous aidant du schéma de placement.
- Positionnez le compartiment 1 sur son emplacement ; épinglez-le et piquez sur le surfil à 2 mm du bord (ill. 3).
- Cousez de la même façon les compartiments 2, 3 et 4 puis bâtissez tout autour à 0,5 cm du bord pour maintenir les pans de tissu (ill. 4).
- Sur un des grands côtés du rectangle de plastique, faites un rentré de 1 cm et piquez-le (en utilisant le pied en téflon) (ill. 5).
- Posez ce rectangle sur la base en velours et bâtissez sur les trois côtés (ill. 6).
- Assemblez le porte-cartes à la poche de velours plastifiée en les posant endroit contre endroit, en épinglant et en piquant à 1 cm du bord (ill. 7).
- Repassez la couture pour l'aplatir.
- Vous venez de coudre le compartiment à billets ; il faut maintenant l'assembler avec sa doublure en posant les deux rectangles endroit contre endroit et en piquant le côté supérieur à 1 cm du bord (ill. 8).
- Aplatissez la couture avec vos doigts (ne pas utiliser le fer à repasser à cause du plastique), retournez sur l'endroit et faites une piqûre décorative à 2 mm du bord (ill. 9).
- Posez l'ensemble sur la base du portefeuille en popeline, épinglez et piquez les trois côtés pour les assembler (ill. 10).
- Posez le tout sur la base en cuir, endroit contre endroit, et piquez à 1 cm du bord, en laissant une ouverture de 7 cm en haut du portefeuille (ill. 11). N'oubliez pas de mettre une aiguille spécial cuir.
- Coupez les angles puis retournez sur l'endroit par l'ouverture laissée précédemment.
- Faites une piqûre décorative tout autour, à 2 mm du bord, ce qui permettra de fermer l'ouverture et d'avoir une jolie finition.

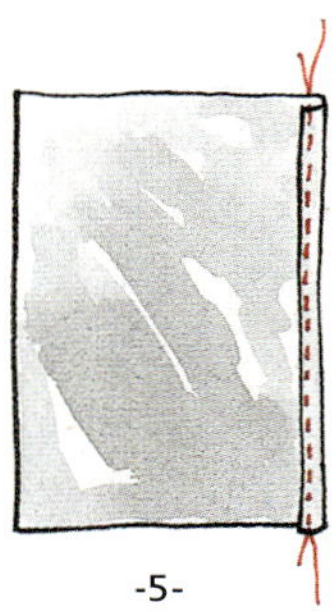
-5-

-6-

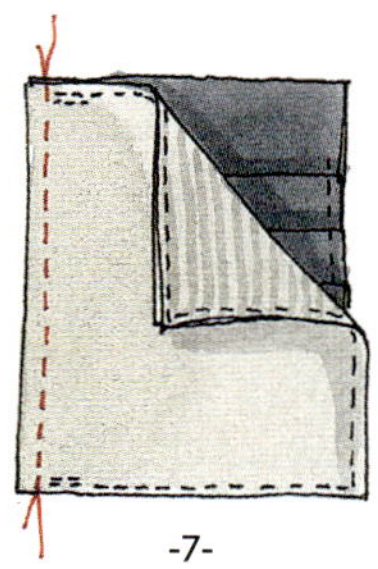
-7-

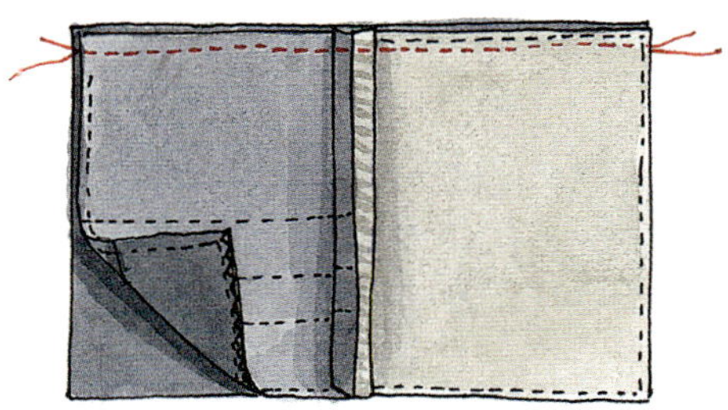
-8-

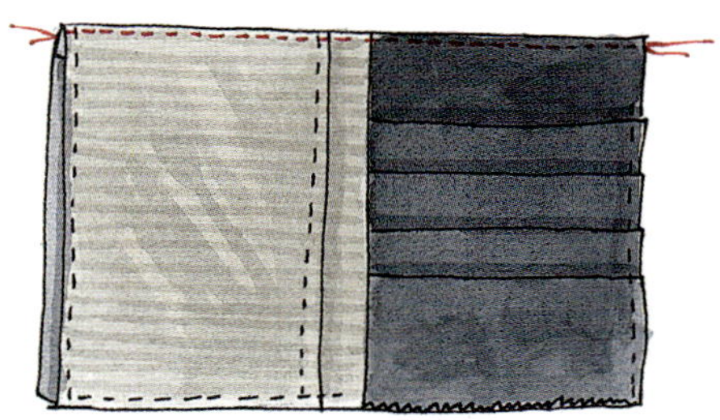
-9-

-10-

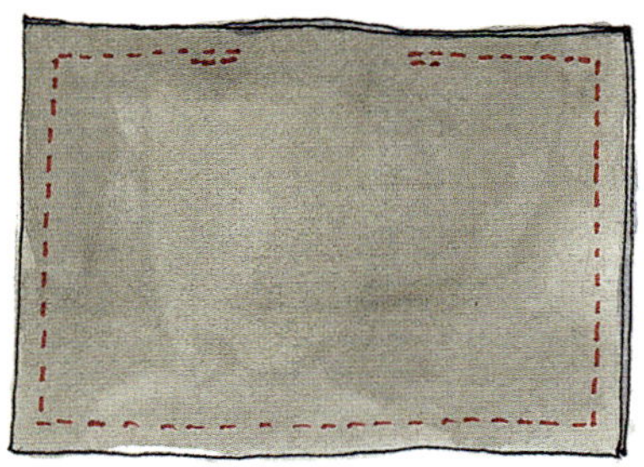
-11-

Patron sac plissé

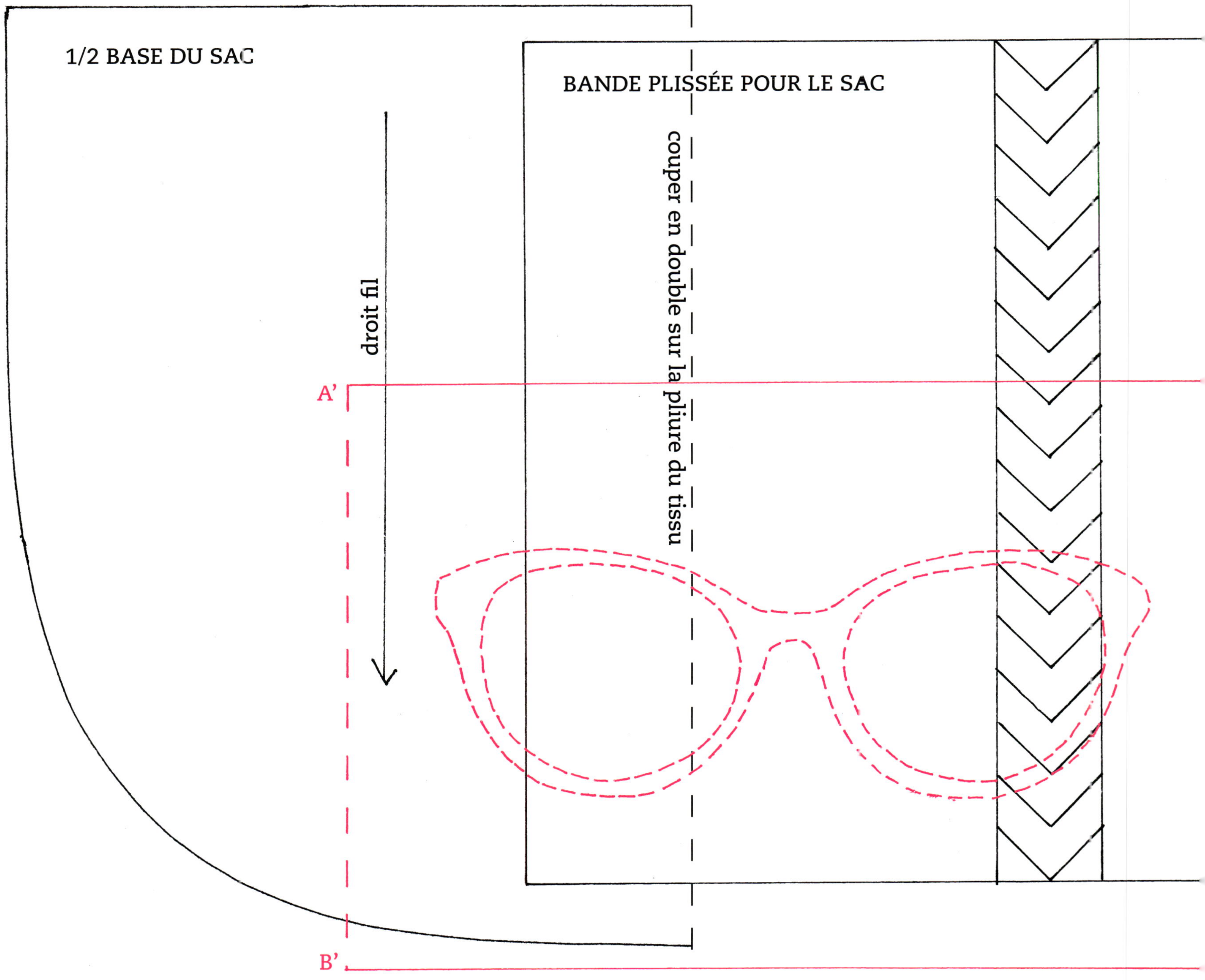

Patron étui à lunettes

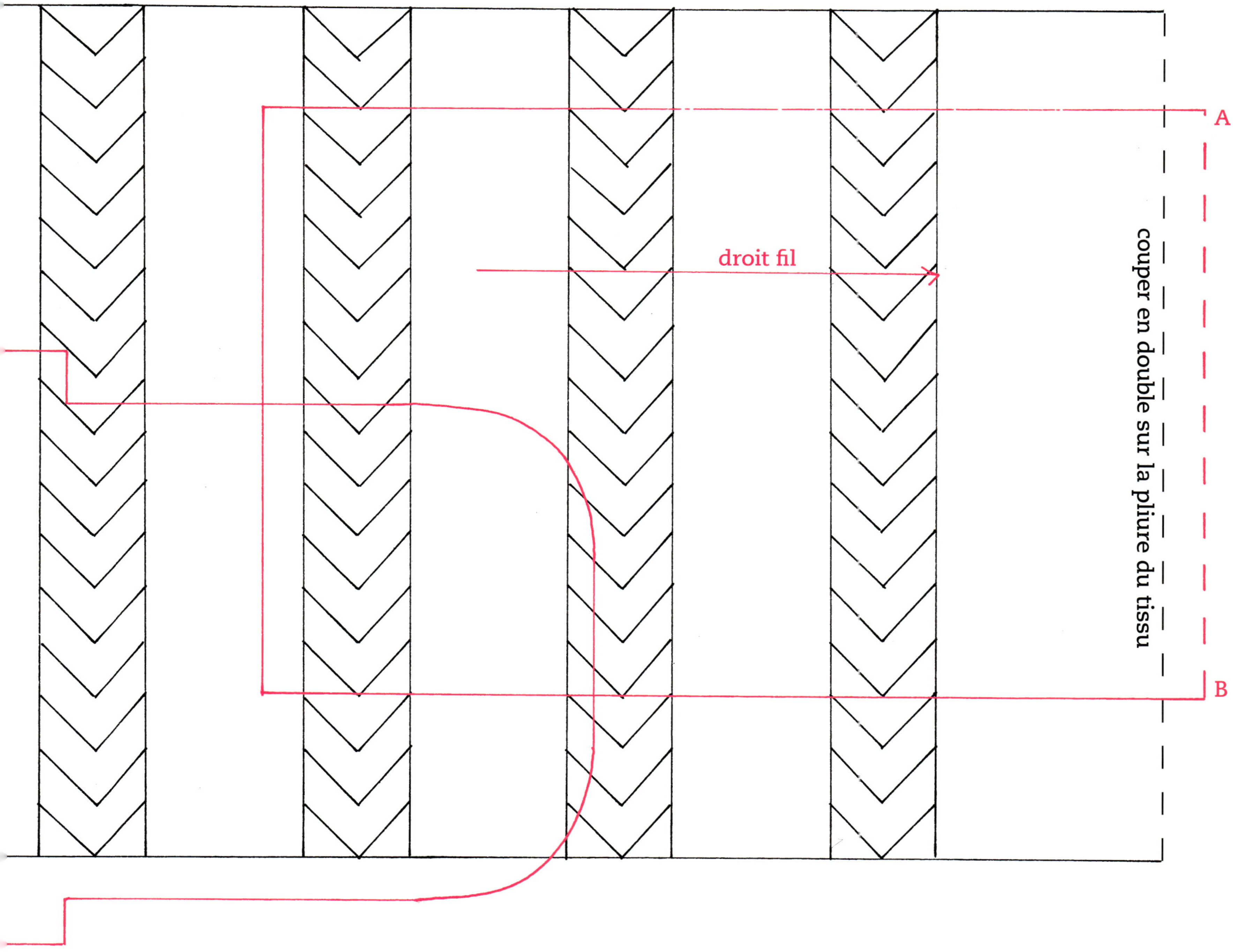

Patron bonnet à oreilles

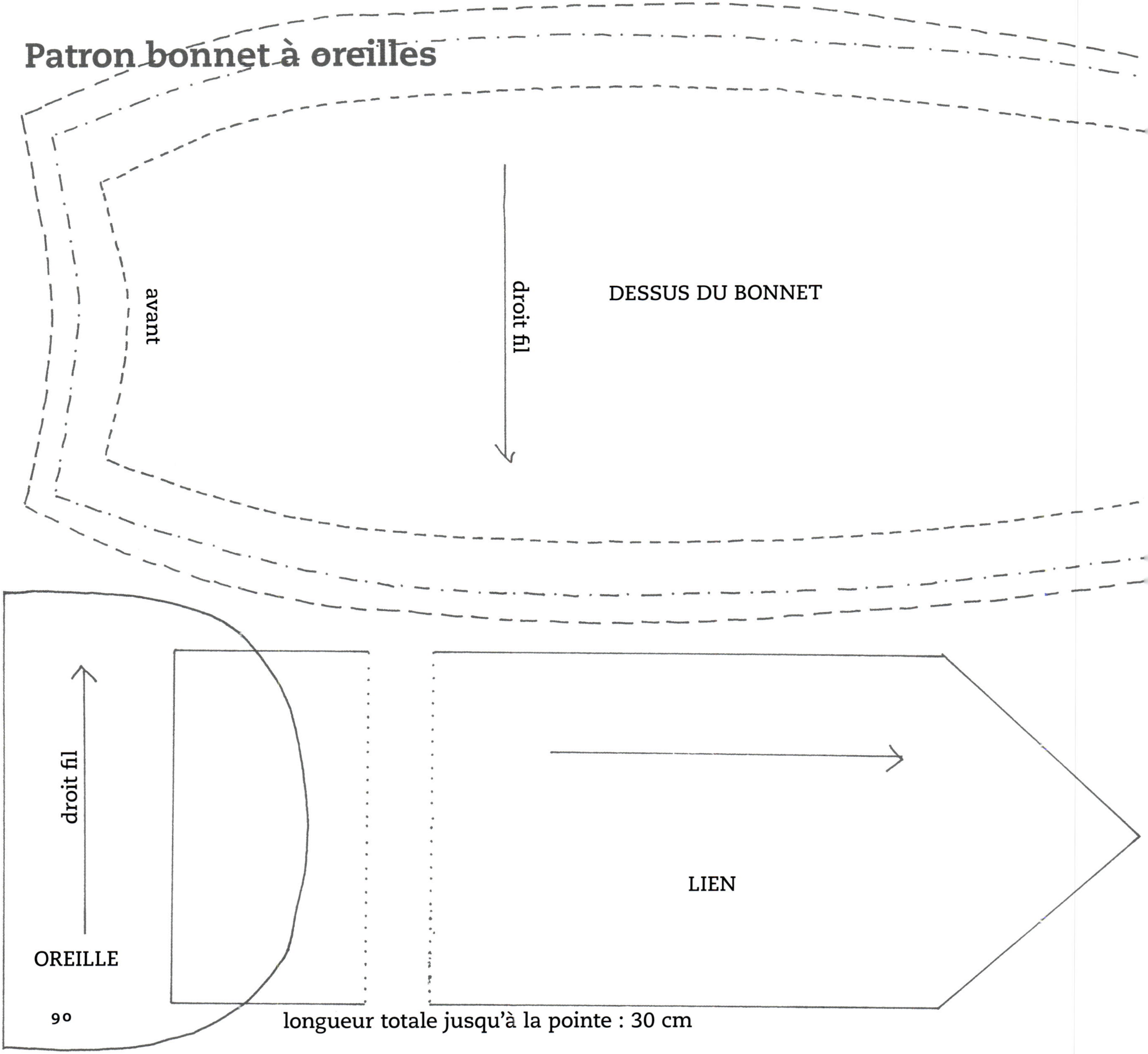

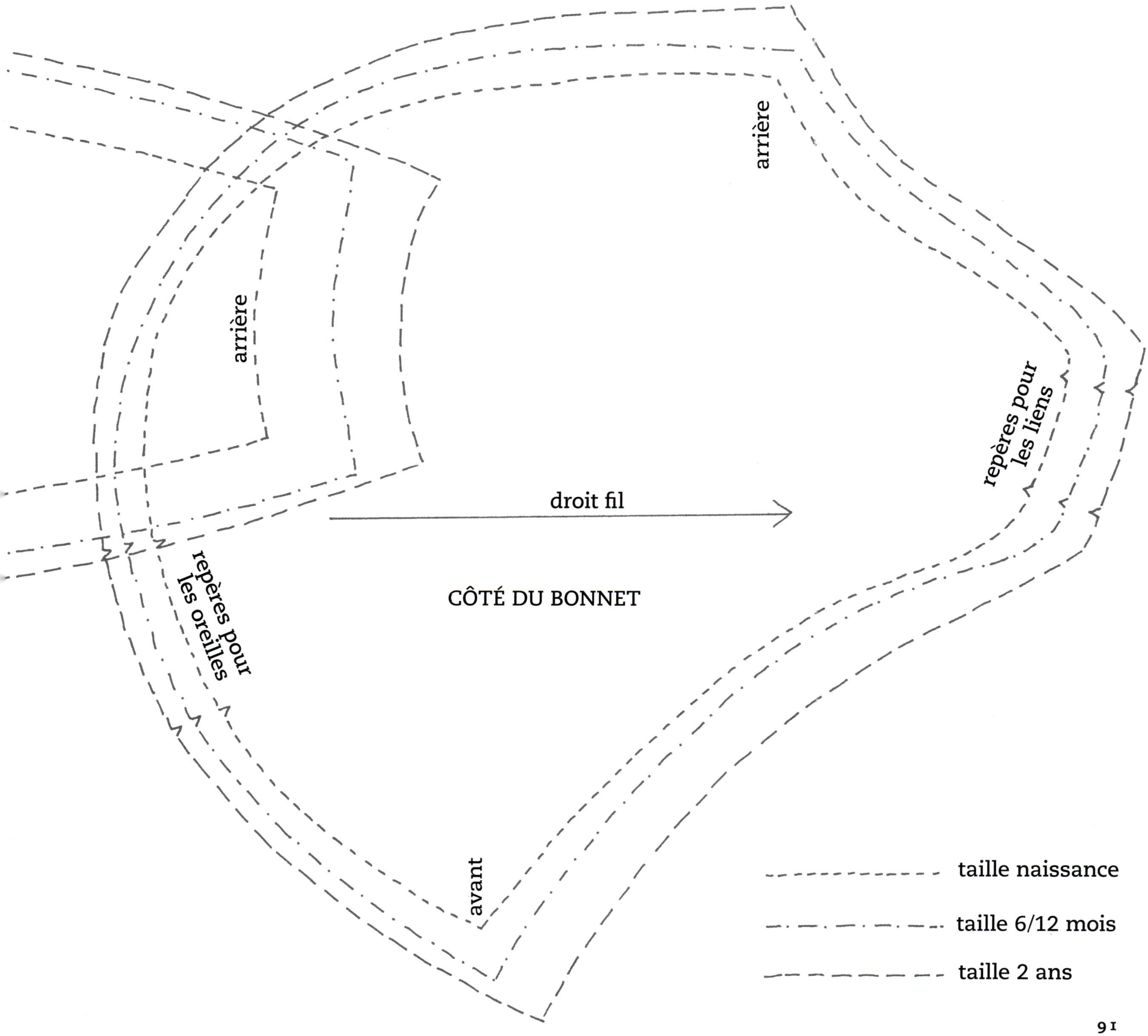
arrière
arrière
repères pour les liens
droit fil
CÔTÉ DU BONNET
repères pour les oreilles
avant
taille naissance
taille 6/12 mois
taille 2 ans

Patron housse machine à coudre

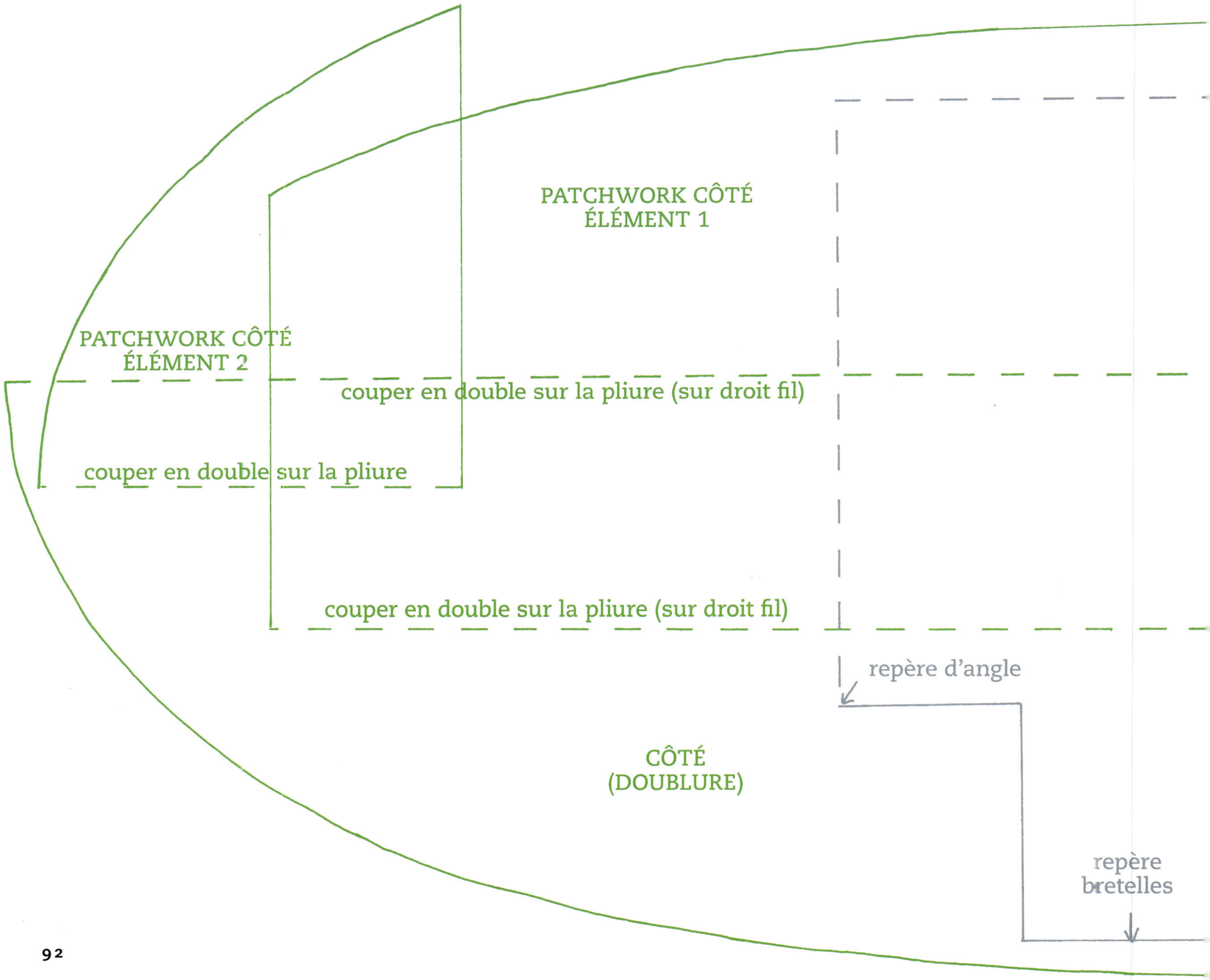

Patron sac à dos

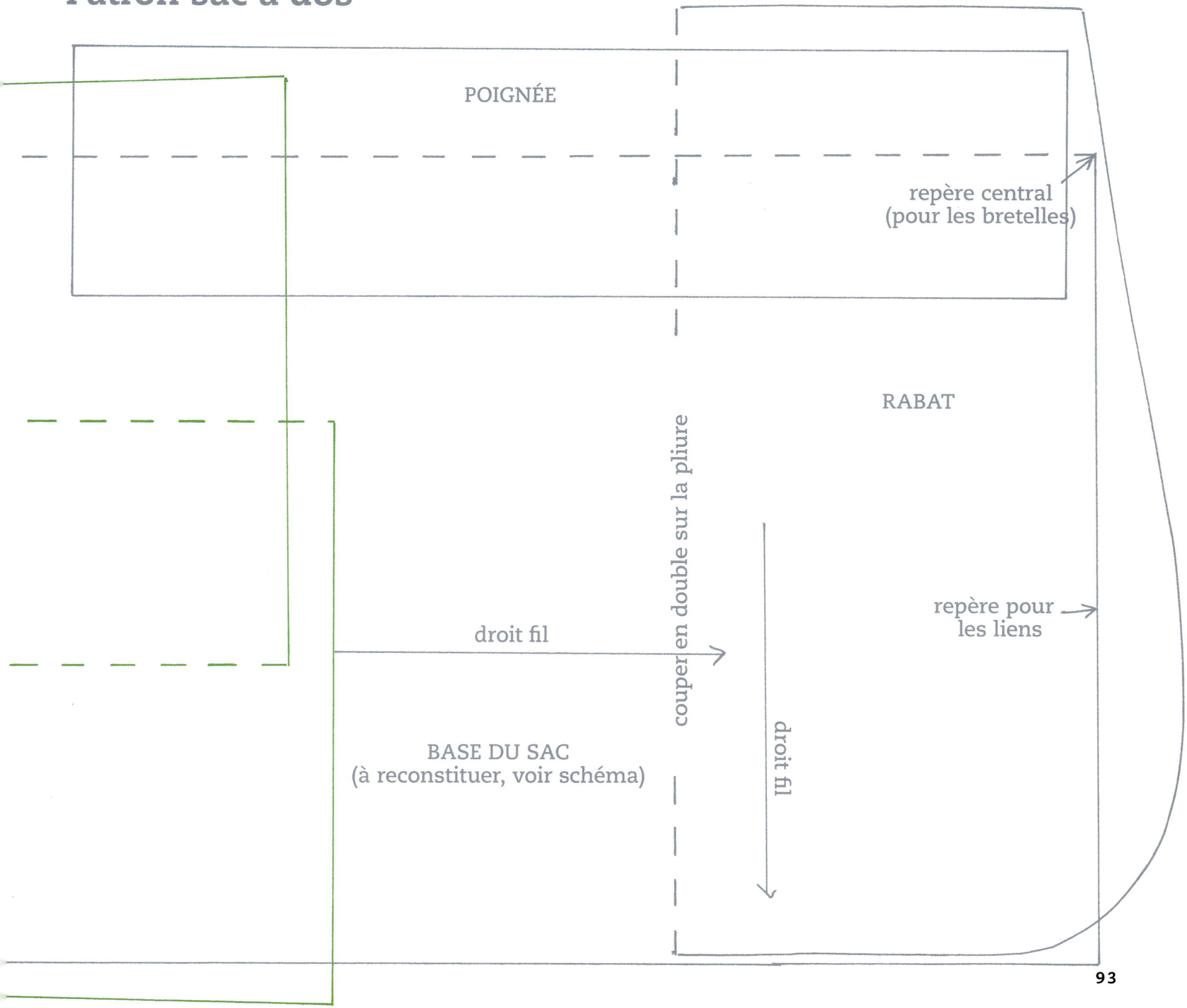

Patron pochette à bijoux

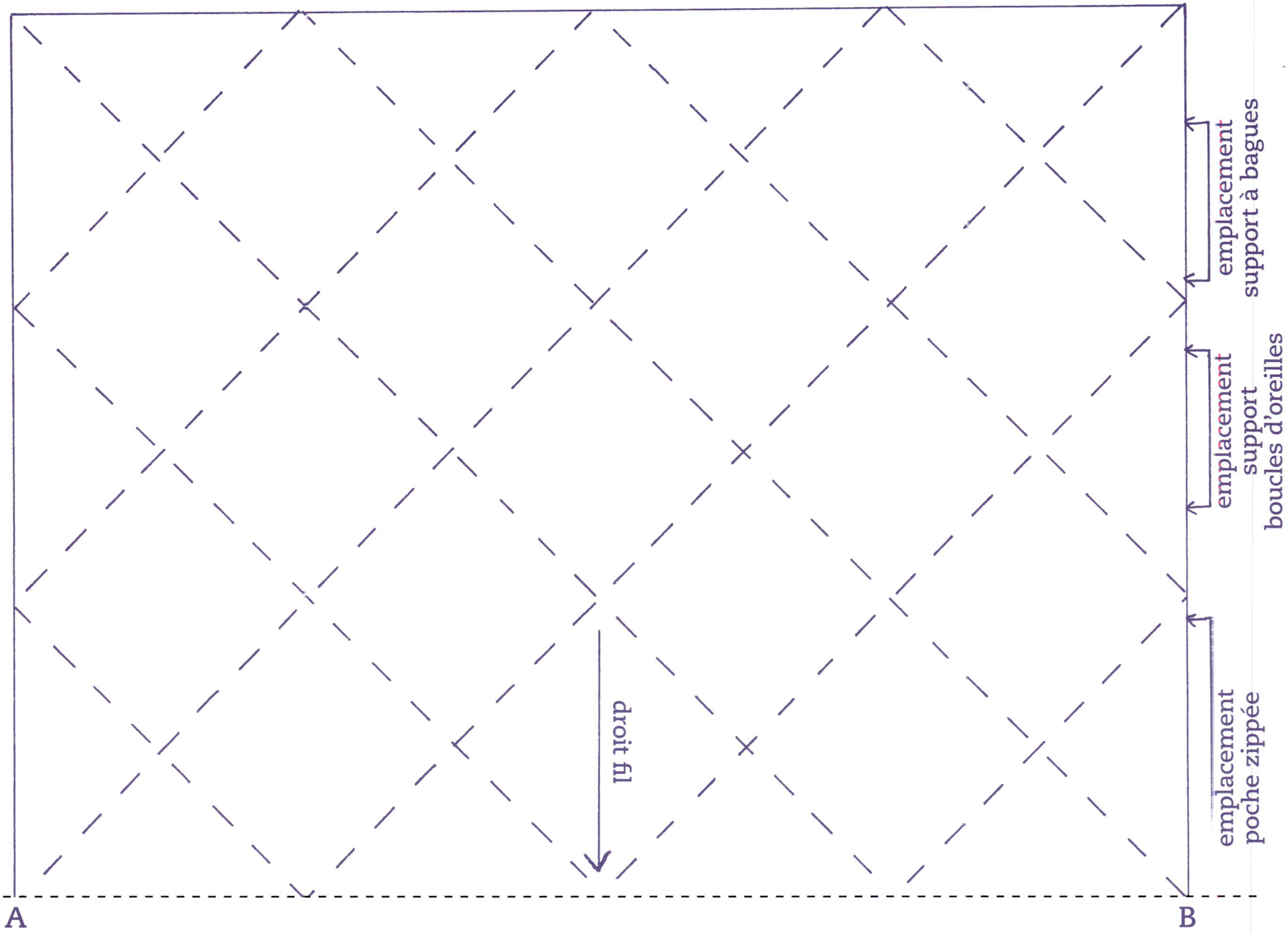

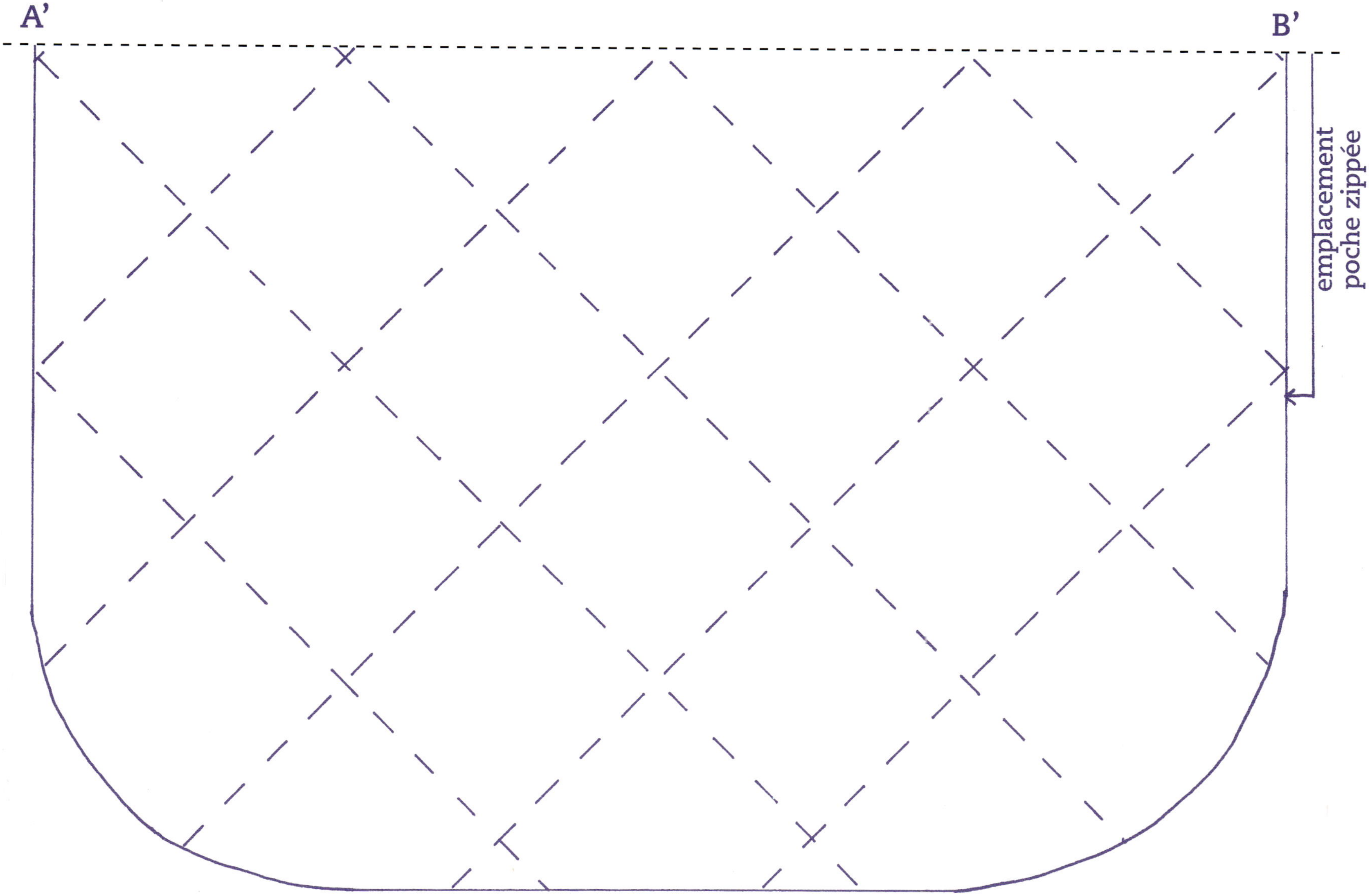
A'
B'
emplacement
poche zippée

Lexique